Discover Korean

Authors

Kyungsook Kim, PhD, University of Alberta, Canada
Jooyeon Kang, PhD, University of Alberta, Canada
Jin Mi Kwon, PhD, University of Alberta, Canada
Byung-Geuk Kim, PhD, University of Alberta, Canada
Hwaja Park, MA, Sungkyunkwan University, Korea
Hyechung Cho, MEd, University of Alberta, Canada
English editor: Terry Nelson, PhD, Macquarie University, Australia

Discover Korean _ KOREA 102

First Published and distributed in 2022
by Pagijong Press, Inc.
749-F7, 45, Jojeong-daero, Hanam-si,
Gyeonggi-do, Republic of Korea 12918
Tel : 82-31-792-1193
Fax : 82-2-928-4683
www.pjbook.com

Publisher : Park Chan-ik

ISBN 979-11-5848-657-0 13710

Printed in Korea

* Audio files for this volume may be downloaded on the web in MP3 format at **http://www.pjbook.com/customer_download**

KOREA
102

Discover Korean

Kyungsook Kim, Jooyeon Kang, Jin Mi Kwon, Byung-Geuk Kim,
Hwaja Park, Hyechung Cho
English editor: Terry Nelson

Pagijong Press Inc.

본 한국어 교과서는 현재 캐나다 앨버타 주립 대학교에서 한국어 교사로 재직하고 있는 교사들이 함께 고민하면서 만들어 낸 교재입니다. "어떻게 하면 외국인 학생들에게 한국어를 효율적으로 잘 가르칠 것인가"에 대한 해답을 제시하기 위해 본 교재는 교수·학습 이론에 충실하면서 이론과 경험이 풍부한 교육 전문가의 시각에서 한국어 학습자들에게 필요한 학습 내용을 담으려고 노력했습니다. 그러므로 본 교재는 한국어 학습내용을 기존의 이론적인 시각에서 구성하는 연역적인 교재 제작 방식을 택하기 보다는 교사들이 현장에서 학습자들과 상호작용한 결과를 토대로 교재를 구성하는 귀납적인 방식을 택했습니다.

따라서 교사들이 한국어 학습내용을 수년간 학생들에게 가르쳐 본 후 학생들의 반응을 고려하면서 학습내용을 거듭하여 재구성한 방식으로서 학습자의 요구를 충실하게 반영한 현장 중심적인 교재라고 할 수 있습니다. 본 교재를 출판하게 된 구체적인 배경은 다음과 같습니다.

첫째, 기존의 한국어 교과서들은 한국어를 배우는 학생들에게만 주로 초점이 맞추어져 있고, 정작 한국어를 가르치는 교사들에게는 적절한 안내와 교수 방법을 제시하지 못하고 있습니다. 세계적으로 한국어 프로그램의 영역이 넓어지면서 외국에서의 한국어 교육 관련 전공자들에 대한 수요도 늘어나고 있습니다. 이들은 비록 한국어 교육 관련 전공자들이지만 아직은 한국어 교수에 익숙지 않고 경험이 적어서 많은 시간과 노력을 들여 한국어 수업을 스스로 준비해야 하는 실정입니다. 게다가 외국에서 활동하는 한국어 교사들은 대부분 고립되어 혼자 일하는 경우들이 많기 때문에 국내의 한국어 교사들에 비해서 한국어 수업을 준비하는데 상당한 시간과 노력이 요구됩니다. 이 교과서는 이러한 한국어 교사들에게 쉽게 수업을 이끌고 재미있게 한국어 수업을 운영할 수 있도록 자세한 문법 항목 설명과 그에 따른 학생들의 교실 활동, 그리고 말하기 연습을 나란히 제시하고 있어서 교사들이 쉽고 편리하게 한국어를 가르칠 수 있도록 교재를 구성하였습니다.

둘째, 기존의 한국어 교과서들이 북미 대학교 교육 과정과 잘 맞지 않아서 한국어 교재로서의 효율도가 떨어진다는 점입니다. 초급 단계에서 교수 시간을 일주일에 보통 4-5 시간을 기준으로 하고 있는 북미 대학교 한국어 과정에 걸맞는 한국어 교재가 필요했습니다.

셋째, 한국어 교과서는 영어권 성인 학습자들에게는 한국어를 구조적으로 이해할 수 있도록 돕는 영어 설명과 예문이 충분히 제시되어야 합니다. 언어를 사용하기 이전에 언어에 대한 개념을 구조적으로 이해하고 싶어하는 성인 학습자들은 늘 새로운 문법 항목을 접할때 '왜 그런가' 라는 대답을 요구하는 성향이 많습니다. 그래서 이 교과서는 이들의 구조적인 의문에 대해서 적절한 영어 설명과 예문을 제공하고 있습니다.

넷째, 본 교과서는 교실에서 학습자들이 충분한 상호 작용을 할 수 있도록 다양한 그룹 활동이나 짝활동을 제공하고 있습니다. 본 교과서는 한국어 수업 경험이 풍부한 교사들의 교수 자료를 바탕으로 만들어졌기 때문에 대학교에서 한국어를 배우려는 성인 학습자들에게 매우 실질적이고 재미있는 한국어 교실 활동들이 많이 제시되었다고 생각합니다. 오랜 시간의 교수 경험과 자료, 상의를 토대로 고민하면서 나온 교재이기 때문에 탈고하는데 오랜 시간이 걸렸지만 외국에서 어렵게 한국어를 가르치고 있는 많은 한국어 교사들에게 적절한 도움이 되기를 바랍니다.

2022년 1월
앨버타 주립 대학교 한국어과 교수   **김경숙**
공동저자   **강주연, 권진미, 김병극, 박화자, 조혜정**

This book was written by instructors of the Korean language program at the University of Alberta. Together, they bring a wealth of knowledge and experience to the language teaching profession, and their insights have made this book a rich source of material for learners of Korean in a foreign language setting. One of its strengths is that it was developed inductively. It grew out of many years of reflection, dialogue and interaction between instructors, and also –importantly – between instructors and learners. This distinguishes it from other textbooks, which are developed deductively, reflecting only the instructors' point of view. The instructors who contributed to this book have gathered learners' reactions to course materials over the course of many years, and have continually revised and adapted their materials to meet the needs and expectations of those learners. This book represents the culmination of their efforts.

Another advantage of this textbook is that it provides guidelines and teaching materials for Korean instructors. This is different from most textbooks, which mainly focus on learners. As the number of Korean programs grows throughout the world, so, too, does the demand for Korean language instructors abroad. This has created a situation in which many instructors start teaching Korean abroad without appropriate teaching materials and sufficient field experience. They spend long hours preparing for class, and many develop materials alone in an isolated working environment. The time they invest in class preparation may well leave no time for program development and expansion. This textbook is intended to help. Detailed grammar explanations for both instructors and learners complement the rich variety of classroom activities and speaking exercises. Novice and experienced teachers, alike, will find the text informative and easy to use.

Another feature of this textbook is that it has a customized curriculum which fits especially well into programs in North American universities, which tend to have 4 –5 contact hours per week at the beginning level. It also provides English explanations and examples to help learners understand the structures of grammatical concepts. Adult learners want to know 'Why?' when they encounter new grammatical expressions, and they demand specific answers. This textbook provides the answers they seek, making it an excellent resource for inquisitive adult learners.

In addition, this textbook provides plentiful opportunities for communicative interaction. It includes a rich variety of pair and group work activities, all developed by our professional Korean instructors and all designed to promote meaningful interaction. We believe this textbook is unique in the way it integrates practice, reflection, and instructorlearner interaction. We sincerely hope it proves useful to all Korean instructors, and especially those encountering difficulties teaching outside of Korea. We hope, as well, that it proves as interesting and useful to your learners of Korean language and culture as it has to ours.

Jan, 2022

Kyungsook Kim   Korean language program coordinator

Co-authors   Jooyeon Kang, Jin Mi Kwon, Byung-Geuk Kim, Hwaja Park, Hyechung Cho

Discover Korean: Korea 102는 영어권 지역의 대학교에서 외국어로서의 한국어를 배우려는 성인 학습자들을 위해 개발된 한국어 교재 시리즈 중 두 번째 단계의 책이다. 따라서 이 책은 일상생활에서 필요한 초급 수준의 말하기, 읽기, 듣기, 쓰기 능력을 향상시키기 위한 교재이다. 이 교재를 통해서 학습자들은 과거와 미래 상황을 표현할 수 있으며, 취향, 능력, 소망, 위치, 교통편 및, 제안하는 법을 배운다. 그리고 이 교과서는 일주일에 수업 5시간, 총 14주를 기본으로 운영하는 성인 한국어 프로그램에 적절하게 맞추어져 있다.

이 교재는 총 5과로 이루어져 있으며, 각 과는 모두 문화 , 어휘 , 표현 , 말하기 , 문법 , 읽기 로 구성된다.

문화 는 한국 언어 문화를 중심으로 한 소재를 가지고 한국 날짜를 읽는 법, 한국 의성어, 한국 나이를 계산하는 법, 한국의 주소나 위치를 말하는 법, 한국의 명절 인사 표현을 소개했다.

어휘 에서는 이 책에서 약 240단어가 도입되었으며 발음 규칙 때문에 발음이 달라지는 경우에는 단어 옆에 발음을 표시해 두었다. '하다'와 결합된 동사나 형용사 중에서 명사로 분리되어 사용될 수 있는 경우에는 괄호를 넣어서 '(하다)'로 표시해 두었다. 또한 책의 뒤쪽에 실린 색인에는 모든 단어를 철자 순서에 따라 찾아 볼 수 있도록 정리해 두었다. 보충 단어는 *표를 붙이고 영어 번역을 제시하였다.

표현 에서는 한국어에서 범용적으로 사용하는 관례적 표현들을 소개하고 그 표현들을 활용한 대화와 연습 활동도 추가하였다.

말하기 는 각 과마다 4 개의 짧은 대화들로 구성되어 있는데 대화는 각 과에서 다루는 1–2개의 문법 항목을 활용하여 학습자들이 짧은 대화 연습을 해 볼 수 있도록 만들어졌다. 문법 항목을 소개하기 전이나 소개한 후에 대화를 연습해 볼 것을 권한다.

문법 에서는 본문에 나오는 중요한 문법적 표현들을 소개하고, 구어적 예문을 통해 설명한다. 또한 학습자들이 각 문법적 개념을 학습한 후, 교사와의 활동, 그룹 활동, 또는 짝 활동을 하면서 그 표현들을 단계적으로 자연스럽게 익힐 수 있도록 하기 위한 말하기 활동들이 나란히 제시되어 있다.

읽기 는 각 과를 총정리하는 지문으로서, 대화와 담화 두 가지로 구성되어 있으며 이해력을 돕기 위하여 관련 질문과 쓰기 활동도 제시되었다.

'Discover Korean: Korea 102' is the second book of the Korean textbook series developed at the University of Alberta especially for adult learners in English-speaking countries. It is a 4-skills textbook designed to foster accurate and fluent communication as well comprehension of written and spoken texts. Upon completion of the book, learners will be able to comprehend, discuss and write about actions and states relating to past, present and future. In addition, they will be able to make suggestions, express concrete ideas and wishes and describe abilities, locations, and modes of transportation.

This textbook is based on a curriculum which runs five hours per week and 14 weeks per semester. It consists of 5 units divided into the following six sections: (culture), (vocabulary), (expression), (speaking), (grammar), and (reading).

(Culture) introduces unique aspects of Korean linguistic culture by explaining such matters as the Korean way of reading dates, calculating age, writing addresses, and using courteous greetings during traditional holiday periods.

(Vocabulary) introduces approximately 240 words within the 5-unit framework. Predicates such as '말(하다)' are shown with parentheses around the verb part of the predicate to clearly distinguish it from the noun part, but the entire predicate is counted as one word in the word list. As a helpful guide to meaning, English translations are also provided. So, too, is pronunciation whenever the pronunciation of a word differs from the combined sounds of its syllables as a result of advanced pronunciation rules. All of these words are again listed alphabetically in English and Korean in the appendix, so that learners can easily find the words that they want to use.

(Expression) introduces various idiomatic expressions which are commonly used in Korean society.

(Speaking) introduces four short dialogues for each lesson. The purpose of these dialogues is to provide practice saying short dialogues which contain 1 – 2 new grammatical expressions. It is recommended that these short dialogues be introduced to learners just prior to, or immediately after, studying <grammar>.

(Grammar) introduces essential grammatical expressions which appear in <Speaking> and <Reading>. These grammatical expressions are explained with colloquial examples. Also included in <Grammar> are speaking activities providing opportunities for pair work, group work and whole class discussion. These interactive activities enable learners to practice what they are learning and to extend their practice in various ways. Should vocabulary items which are not required learning appear in these activities or elsewhere in <Grammar>, they are identified with asterisks, as follows: 나는 오늘 사과*를 먹었어요.

(Reading) includes a dialogue and a narration which, together, synthesize what has been learned in each lesson. These texts are followed by questions carefully crafted to foster understanding. At critical junctures, space is also provided in this section for writing thoughts and ideas.

	Title	Subtitles	Tasks	Grammar	Culture
1	어제 뭐 했어요?	1. 수영하러 안 가요?	1. Make negative statements	안/못	Korean calendar
		2. 어제 뭐 했어요?	2. Explain past events	–았/었/했어요	
		3. 어머니는 뭐 하셨어요?		–(으)셨어요	
		4. 청소하고 요리했어요.	3. List more than two events or actions 4. Explain subsequent events or actions	–고 (1) –고 (2) –어서/아서/해서 (1)	
2	뭐 할 거예요?	1. 운전을 배울 거예요.	1. Express a probable future event or plan	–을/ㄹ 거예요 –(으)실 거예요	Korean onomatopoeia
		2. 뭐 하고 싶어요?	2. Express your wishes	–고 싶다	
		3. 자전거 탈 수 있어요?	3. Express your capability of doing things	–을/ㄹ 수 있다/없다 그렇지만	
		4. 한국 부채춤을 배워요.	4. Describe two contrary actions or states	ㅂ irregular predicates –지만	
3	무슨 영화를 볼 거예요?	1. 무슨 영화를 볼 거예요?	1. Seek an agreement from the listener 2. Explain a person's preference on items or actions	–지요? 무슨	Korean age
		2. 어느 마트에 자주 가요?		어느	

		3. 버스로 갈 거예요.	3. Explain the transportation to go to a particular place	N에서 N까지 −(으)로	
		4. 어머니 생신이었어요.	4. Use humble words properly to seniors	한테/한테서/께 Honorific expressions Humble expressions	
4	제 고향은 서울이에요.	1. 자주 가족 사진을 봐요.	1. Explain the frequency of an action	Expressions of frequency −은요/는요?	Locating a place in Seoul
		2. 서울은 어때요?	2. Describe the status of an object, using a noun−modifying form	−은/ㄴ	
		3. 이 사진은 남산타워예요.		ㄹ irregular predicates −는	
		4. 말씀 좀 묻겠습니다.	3. Use the appropriate place words 4. Ask or explain how to get to a place	여기/거기/저기 Expressions for locating a place	
5	영화 보러 갈까요?	1. 영화 보러 갈까요?	1. Suggest doing an action	−을/ㄹ까요?	Korean holidays
		2. 심심한데 국수 만들어 먹을까요?	2. Provide the background information	−는/은/ㄴ데	
		3. 얼마나 걸려요?	3. Deliver the feeling of surprise or admiration for an event	이나 밖에	
		4. 사람이 굉장히 많네요.	4. Explain the reason of doing a particular action	−네요 −어서/아서/해서 (2)	

Contents

Lesson 1	어제 뭐 했어요 (What did you do yesterday?)	14

1. 수영하러 안 가요?
2. 어제 뭐 했어요?
3. 어머니는 뭐 하셨어요?
4. 청소하고 요리했어요.

Lesson 2	뭐 할 거예요? (What are you going to do?)	46

1. 운전을 배울 거예요.
2. 뭐 하고 싶어요?
3. 자전거 탈 수 있어요?
4. 한국 부채춤을 배워요.

Lesson 3	무슨 영화를 볼 거예요? (What kind of movie are you going to watch?)	78

1. 무슨 영화를 볼 거예요?
2. 어느 마트에 자주 가요?
3. 버스로 갈 거예요.
4. 어머니 생신이었어요.

Lesson

1

어제 뭐 했어요?
(What did you do yesterday?)

어제 뭐 했어요?
(What did you do yesterday?)

말하기 1 수영하러 안 가요? (Don't you go swimming?)

말하기 2 어제 뭐 했어요? (What did you do yesterday?)

말하기 3 어머니는 뭐 하셨어요? (What did your mother do?)

말하기 4 청소하고 요리했어요. (I cleaned the room and cooked.)

Upon completion of this lesson, you
will be able to:

1. Make negative statements
2. Explain past events
3. List more than two events or actions
4. Explain subsequent events or actions

Grammatical items

‣ 안/못 (Negative adverbs)

‣ –았/었/했/ㅆ어요 (Past form)

‣ –(으)셨어요 (Past honorific form)

‣ –고 (Connective: and)

‣ –아서/어서 (Connective: sequential)

The **Korean calendar** is a lunisolar calendar, like the calendars of other East Asian countries. The Gregorian calendar was officially adopted in 1896 in Korea, but traditional holidays and age-reckoning for older generations are still based on the old lunar calendar.

Dates in Korean are written in a year, month, and day format. It is the opposite from the English writing system of dates. In addition, Koreans use only the number of the month to distinguish between the months, instead of the names for each month.

Example: 2025년 2월 7일 (이천이십오 년 이 월 칠 일) = **February 7th, 2025**

Originally there should be a space between the numbers and the counters. However, no space between the numbers and the counters are also accepted. Sino-Korean numbering system is used to read the date. If you want to include the day of the week to the date, it will be 2025년 2월 7일 일요일.

There are a couple exceptions with months. June and October would be spelled '유월' and '시월' instead of '육월 (6월)' and '십월 (10월)'. These sounds became a practice because they have been the popular pronunciations among the Korean people.

연습

Practice reading the dates in Korean and answer the questions.

1 June 5th, 2021   2 October 31th, 2025

3 오늘이 며칠이에요?   4 크리스마스가 며칠이에요?

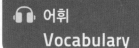
Nouns

가수	singer
과일	fruit
김치	Kimchi
닭고기 [닥꼬기]	chicken
마트	mart
머리	(1) hair, (2) head
비행기	airplane
삼촌	uncle
샐러드	salad
소설책	novels
손	hand
수영장	swimming pool
술	liquor
신문	newspaper
야채	vegetable
어제	yesterday
은행	bank
작년 [장년]	last year
잡지 [잡찌]	magazine
테니스장	tennis court
휴일	holiday

Verb

데이트(하다)	(to have) a date
드시다	(hon.) to eat or drink
말(하다)	to speak
모르다	to not know
목욕(하다) [모교카다]	to take a bath
산책(하다) [산채카다]	to take a walk
설거지(하다)	to wash dishes

싫어하다 [시러하다]	to dislike
씻다	to wash
여행(하다)	to travel
웃다	to laugh
주무시다	(hon.) to sleep
청소(하다)	to clean (a room)
타다	to ride

Adjective

깨끗하다 [깨끄타다]	to be clean
예쁘다	to be pretty
조용하다	to be quiet
착하다 [차카다]	to be nice
친하다	to be close

Other expressions

늦게 [늗께]	(adv.) to be late
다행히	luckily
많이 [마니]	(adv.) a lot
매주	every week
일찍	early
자주	often
지난	last (month)
키가 크다	to be tall

벤	준, 테니스 잘 쳐요? (Are you good at playing tennis?)
준	아니요, 잘 못 쳐요. (No, I am not good at it.)
벤	그럼, 수영은 잘 해요? (Then, are you good at swimming?)
준	네, 수영은 잘 해요. (Yes, I am.)

Questions	When you are good at ~	When you are not good at ~
테니스 잘 쳐요?	네, 잘 쳐요.	아니요, 잘 못 쳐요.
수영 잘 해요?	네, 잘 해요.	아니요, 잘 못 해요.
한국말 잘 해요?	네, 잘 해요.	아니요, 잘 못 해요.
피아노 잘 쳐요?	네, 잘 쳐요.	아니요, 잘 못 쳐요.
노래 잘 해요?	네, 잘 해요.	아니요, 잘 못 해요.

연습

Ask your partner the following questions.

1 A: 테니스 잘 쳐요?   B: 네, 잘 쳐요. / 아니요, 잘 못 쳐요.

2 수영 잘 해요?   3 한국말 잘 해요?

4 피아노 잘 쳐요?   5 노래 잘 해요?   6 뭘 잘 해요?

벤	줄리아는 오늘 수영하러 안 가요?
줄리아	네, 오늘은 바빠서 못 가요. 벤도 수영 좋아해요?
벤	네, 저도 수영 좋아해요. 그런데 줄리아는 테니스도 잘 쳐요?
줄리아	아니요, 테니스는 잘 못 쳐요.

Ben	Don't you go swimming today?
Julia	No, I can't go because I am busy today. Do you like swimming, too?
Ben	Yes, I like swimming. By the way, are you good at playing tennis, too?
Julia	No, I am not good at playing tennis.

1-1 The negative adverb 안

'안' is used to negate an action, a state, or a situation. It generally comes before the predicates when negating an action or a state.

Verbs	가요	먹어요	와요
Negation	안 가요	안 먹어요	안 와요
Adjectives	바빠요	넓어요	많아요
Negation	안 바빠요	안 넓어요	안 많아요

However, for the verbs which are consisted of a noun and '하다', '안' goes between the noun and '하다'.

'하다' Verbs	청소해요	산책해요	설거지해요
Negation	청소 안 해요	산책 안 해요	설거지 안 해요

The adjectives which are consisted of nouns and '하다', '안' still comes before the predicates when negating the state.

'하다' adjectives	착해요	깨끗해요	친해요
Negation	안 착해요	안 깨끗해요	안 친해요

Some predicates don't use '안', and have special negative counterparts.

Predicates	있어요	이에요/예요	알아요	재미있어요
Negation	없어요	이/가 아니에요	몰라요	재미없어요

(1) 리아: 서리나는 매일 아침 먹어요? (Do you eat breakfast every day?)

서리나: 아니요, 보통 아침을 <u>안 먹어요</u>. (No, I usually don't eat breakfast.)

(2) 리아: 오늘도 수영해요? (Do you swim today, too?)

서리나: 아니요. 오늘은 <u>수영 안 해요</u>. (No. I don't swim today.)

(3) 서리나: 벤, 마이클 알아요? (Ben, do you know Michael?)

　　벤: 아니요. <u>몰라요</u>. (No, I don't know him.)

(4) 리아: 벤은 선생님이에요? (Is Ben a teacher?)

　　서리나: 아니요. 벤은 <u>선생님이 아니에요</u>. (No, he is not a teacher.)

말하기 연습 1 Look at the pictures and make dialogues with your partner.

A: 일찍 일어나요?

B: <u>아니요, 일찍 안 일어나요</u>.

1. 일찍 일어나요?　　　2. 아침을 먹어요?　　　3. 자주 운동해요?

4. 손을 자주 씻어요?　　5. 자주 웃어요?　　　6. 일찍 자요?

7. 야채를 자주 먹어요?　8. 물을 자주 마셔요?　9. 자주 설거지해요?

10. 방이 깨끗해요?　　　11. 책이 재미있어요?　12. 줄리아를 알아요?

말하기 연습 2 **Ask the following questions to your partner.**

1. A: 일찍 일어나요?

   B: 네, 일찍 일어나요 / 아니요, 일찍 안 일어나요.

2. 매일 아침을 먹어요?

3. 자주 운동해요?

4. 물을 자주 마셔요?

5. 과일하고 야채를 자주 먹어요?

6. 자주 걸어요?

7. 손을 자주 씻어요?

8. 자주 웃어요?

9. 일찍 자요?

10. 자주 청소해요?

1-2 The negative adverb 못

The adverb '못' comes before the verbs when expressing the subject's lack of ability to do something. '못' means 'cannot' in English, and it is not normally used with adjectives.

cf. '안' is used when expressing not doing something regardless of ability or external conditions.

(1) 서리나: 벤, 오늘 운동해요? (Ben, do you exercise today?)

   벤: 아니요. 오늘 수업이 많아요. 그래서 못 해요*.

       (No. I have many classes today. So I can't.)

       *'못 해요' is pronounced as [모태요].

(2) 서리나: 벤, 매일 아침 먹어요? (Ben, do you have breakfast everyday?)

   벤: 아니요. 아침에 보통 늦게 일어나요. 그래서 못 먹어요*.

       (No. I usually get up late in the morning. So I can't.)

       *'못 먹어요' is pronounced as [몬 머거요].

(3) 서리나: 벤, 오늘 테니스 쳐요? (Ben, do you play tennis today?)

   벤: 아니요. 머리가 아파요. 그래서 오늘은 테니스 못 쳐요.

       (No. I have a headache. So I cannot play tennis today.)

Look at the pictures and make dialogues with your partner as in the example.

A: 피아노 잘 쳐요?
B: <u>아니요, 피아노 잘 못 쳐요.</u>

1. 피아노 잘 쳐요?

2. 노래 잘 해요?

3. 오늘 학교에 가요?

4. 요리 잘 해요?

5. 술 잘 마셔요?

6. 운전 잘 해요?

1-3　Responding to Negative questions

In English, when the speaker makes a negative question, the response depends on the respondent's negative or positive realization of the event. However, in Korean, <u>the response depends on whether the respondent agrees to the content of the speaker's question.</u>

Positive question

(1) 서리나: 코메디 영화 좋아해요? (Do you like comedy movies?)
　　벤: 네, 좋아해요. (Yes, I like them.)
　　줄리아: 아니요, 안 좋아해요. (No, I don't like them.)

Negative question

(2) 서리나: 코메디 영화 안 좋아해요? (Do you not like comedy movies?)
　　벤: 아니요,* 좋아해요. (Yes, I do.)
　　*Ben does not agree to the content of the question and says '아니요'.
　　줄리아: 네,* 안 좋아해요. (No, I don't.)
　　*Julia agrees to the content of the question, and says '네'.

Look at the pictures and make dialogues with your partner.

A: 전화 안 하세요?

B: <u>네, 전화 안 해요</u>.

1. 전화 안 하세요?

2. 영화 안 보세요?

3. 오늘 수업에 안 가요?

4. 점심 안 먹어요?

5. 한국 사람 아니세요?

6. 청소 안 해요?

7. 집에 안 가세요?

8. 오늘 시험이 없어요?

9. 운동 안 좋아해요?

Ask the following questions to your partner.

1. A: 코메디(Comedy) 영화 안 좋아해요?
   B: 네, 코메디 영화 안 좋아해요. / 아니요, 코메디 영화 좋아해요.
2. 이번 토요일에 영화 보러 안 가요?
3. 오늘 커피숍에 안 가요?
4. 매일 아침 안 먹어요?
5. (Name)은/는 한국 사람 아니에요?
6. 부모님하고 자주 전화 안 해요?
7. 오늘 저녁에 집에 안 가요?
8. 오늘은 시험이 없어요?
9. 내일 학교에 안 와요?
10. 스키 못 타요?
11. 오늘 도서관에 안 가요?
12. 오늘 마트에서 우유를 안 사요?
13. 매일 라디오를 안 들어요?
14. 제주도(Jeju Island)를 몰라요?
15. 언니/형/동생하고 안 친해요?
16. 이번 여름에 여행 안 해요

서리나	어제 오후에 뭐 했어요?
벤	집에서 청소했어요. 서리나는 어제 뭐 했어요?
서리나	저는 어제 커피숍에서 일했어요.

Cerina	What did you do yesterday in the afternoon?
Ben	I cleaned my house. What did you do yesterday?
Cerina	I worked at the coffee shop yesterday.

2-1 Review of the present polite form –어요/아요/해요

'–어요/아요/해요' is a polite and informal ending that is commonly used in casual conversation. The conjugation indicates the present tense of the predicates.

Ending	Conjugation rules	Dictionary form	Present form
–아요	When the last vowel of the stem is '아', or '오'	많다	많아요
–어요	When the last vowel of the stem is NOT '아, 오'	먹다	먹어요
–해요	When the verbs or adjectives include '하다'	숙제하다	숙제해요
Contraction (When the stem does not have a final consonant)	When the last vowel of the stem is '아' When the last vowel of the stem is '으' When the last vowel of the stem is '애' When the last vowel of the stem is '이' When the last vowel of the stem is '오' When the last vowel of the stem is '우'	가다 크다 지내다 마시다 오다 주다	가요 커요 지내요 마셔요 와요 줘요

말하기 연습 **I** Interview yourself and your partner using the present form as in the example.

A: 일찍 일어나요?

B: 네, 일찍 일어나요. / 아니요, 일찍 안 일어나요.

Questions	나	친구 이름:
1. 일찍 일어나요?		
2. 아침을 먹다		
3. 자주 운동을 하다		
4. 한국어를 배우다		
5. 술을 자주 마시다		
6. 커피를 자주 마시다		
7. 야채를 많이 먹다		
8. 많이 걷다		
9. 손을 자주 씻다		

| 10. 잘 <u>웃</u>다 | | |
| 11. 일찍 <u>자</u>다 | | |

2-2 The past polite form −었/았/했/ㅆ어요

The past tense is formed by adding '−았/었/했/ㅆ어요' to the stem of the dictionary form of the predicate.

Ending	Conjugation rules	Present form	Past form
−아요	When the last vowel of the stem is '아', or '오', add '−았어요' to the stem of the present form.	앉아요	앉았어요
−어요	When the last vowel of the stem is NOT '아', or '오', add '−었어요' to the stem of the present form.	먹어요	먹었어요
−해요	When the verbs or adjectives include '하다', replace '−해요' of the present form with '했어요'.	공부해요	공부했어요
Contraction predicates	When the stem does not have a final consonant, add '−ㅆ어요' to the stem of the present form.	가요 커요 지내요 마셔요 와요 줘요	갔어요 컸어요 지냈어요 마셨어요 왔어요 줬어요

(1) 영화가 아주 <u>좋았어요</u>. (The movie was very good.)

(2) 작년에 소설책을 많이* <u>읽었어요</u>. (I read a lot of novels last year.)

   *'많이' is an adverb and it sounds natural when it comes right before the predicate which it explains. cf. 저는 어제 많이 술을 마셨어요. (Unnatural)

(3) 저는 어제 방을 청소했어요. (I cleaned the room yesterday.)

(4) 그 여자는 키가 컸어요. (The woman was tall.)

(5) 벤: 어제 뭐 했어요? (What did you do yesterday?)

   제니: 저는 어제 마트에 갔어요. (I went to a mart yesterday.)

말하기 연습 2 Look at the pictures and make dialogues with your partner.

A: 지난 주말에 뭐 했어요?

B: 피자 <u>먹었어요</u>.

1. 피자를 먹다   2. 음악을 듣다   3. 영화를 보다   4. 자다   5. 테니스를 치다

말하기 연습 3 Fill in the blanks with the past forms of the predicates. And make dialogues with your partner, using the given information.

A: 벤은 월요일에 뭐 했어요?

B: <u>텔레비전 봤어요</u>.

	월	화	수	목	금	토
벤	텔레비전을 보다 ( )	닭고기를 먹다 ( )	술을 마시다 ( )	샤닐하고 전화하다 ( )	데이트 하다 ( )	음악을 듣다 ( )
줄리아	마트에 가다 ( )	커피숍에서 친구를 기다리다 ( )	한국어 수업을 듣다 ( )	친구를 만나다 ( )	산책 하다 ( )	은행에 가다 ( )
서리나	부모님을 만나다 ( )	소설책을 읽다 ( )	영화를 보다 ( )	식당에서 일하다 ( )	은행에 가다 ( )	테니스를 치다 ( )
샤닐	공원에서 걷다 ( )	경제학 시험을 보다 ( )	백화점에서 선물을 사다 ( )	커피숍에서 커피를 마시다 ( )	수영장에서 수영하다 ( )	집에서 자다 ( )
리아	집에서 설거지하다 ( )	집에 있다 ( )	체육관에서 운동하다 ( )	청소 하다 ( )	병원에 가다 ( )	테니스를 배우다 ( )

말하기 연습 4 Ask the following questions to your partner, changing the predicates into the past form.

1. A: 어제 숙제가 많았어요 (많다)?
   B: 네, 많았어요 / 아니요, 안 많았어요.
2. 오늘 아침을 몇 시에 (먹다)?
3. 어제 오후에 뭐 (하다)?
4. 어제 저녁에 뭐 (공부하다)?
5. 지난 주말에 어디 (가다)?
6. 지난 학기에 뭐 (듣다)?
7. 작년에 어디서 (일하다)?
8. 지난 주말에 뭐 (읽다)?

말하기 연습 5 Role playing: Make a group of four people and play 수잔, 데니, 마크, and 린다. Each person explains what he/she did yesterday one by one, using the materials which are provided in the appendix. There are two people who are explaining their actions incorrectly. After listening to the actions of all the people, find out who are explaining their actions incorrectly. (See the appendix)

2-3 **The past polite form of copular verbs is '–이었어요', '–였어요', or '–이(가) 아니었어요'.**

Dictionary form	Present form	Past form
휴일이다	휴일이에요	휴일이었어요
가수다	가수예요	가수였어요
삼촌이 아니다	삼촌이 아니에요	삼촌이 아니었어요
강아지가 아니다	강아지가 아니에요	강아지가 아니었어요

(1) 어제는 휴일이었어요. (Yesterday was a holiday.)
(2) 제 삼촌은 가수였어요. (My uncle was a singer.)
(3) 어제는 일요일이 아니었어요. (Yesterdsay wasn't Sunday.)
(4) 그 남자는 서리나의 오빠가 아니었어요. (The man wasn't Cerina's elder brother.)

말하기 연습 **6** Make dialogues, using '–이었어요', '였어요', or '–이(가) 아니었어요'.

A: 그 사람은 누구였어요?

B: <u>줄리아였어요</u>.

줄리아

준

리아

1. 그 사람은 누구였어요?

2. 그 사람은 벤이었어요?

3. 그 사람은 서리나였어요?

신발

사과

이학년

4. 그게 뭐였어요?

5. 그게 바나나였어요?

6. 작년에 샤닐은 몇 학년이었어요?

학생

토론토

식당

7. 벤은 선생님이었어요?

8. 서리나 고향이 서울이었어요?

9. 그 건물이 학교였어요?

Lesson 2

Lesson 3

Lesson 4

Lesson 5

제1과 | 어제 뭐 했어요? **29**

제니	어제 제 부모님은 바쁘셨어요.
벤	제니 어머니는 어제 뭐 하셨어요?
제니	요리하셨어요.
벤	아버지도 요리하셨어요?
제니	아니요, 아버지는 마트에 가셨어요.

Jenny	My parents were busy yesterday.
Ben	What did your mother do yesterday?
Jenny	She cooked.
Ben	Did your father cook, too?
Jenny	No, he went to a mart.

3-1 The past honorific form '–(으)셨어요'

The honorific form is used <u>when talking to a senior or talking about a senior</u>. The present ending of the honorific form is '–(으)세요', and the past ending of the honorific form is '–(으)셨어요'.

Dictionary form	Honorific dictionary form –(으)시다	Present honorific form –(으)세요	Past honorific form –(으)셨어요
가다	가시다	가세요	가셨어요
앉다	앉으시다	앉으세요	앉으셨어요
듣다	들으시다	들으세요	들으셨어요
있다	있으시다/계시다	있으세요/계세요	있으셨어요/계셨어요
삼촌이다	삼촌이시다	삼촌이세요	삼촌이셨어요
아버지다	아버지시다	아버지세요	아버지셨어요

말하기 연습 | Make dialogues with your partner using '–(으)셨어요'.

A: 선생님이 어제 뭐 하셨어요?

B: <u>노래하셨어요.</u>

1. 노래하다   2. 스키 타다   3. 책을 사다   4. 의자에 앉다

5. 청소하다   6. 요리하다   7. 라디오를 듣다   8. 커피를 드시다

9. 텔레비전을 보다　　10. 수업을 가르치다　　11. 친구를 만나다　　12. 책을 읽다

13. 주무시다　　　　14. 산책하다　　　　15. 테니스를 치다　　16. 손을 씻다

말하기 연습 ② **Do the role-play of a teacher and a student with your partner, using the past ending of the honorific form.**

1. 학생: 선생님, <u>어제 몇 시에 일어나셨어요</u>? (일어나다)
   선생님: <u>오전 7시에 일어났어요</u>.
2. 어제 누구를 (만나다)?
3. 어제 오후에 뭐 (하다)?
4. 어제 오후에 어디에 (있다)?
5. 지난 주말에 어디 (가다)?
6. 지난 학기에 뭐 (가르치다)?
7. 작년 여름에 어디서 (지내다)?
8. 지난 주말에 뭐 (읽다)?
9. 어제 뭘 (드시다)?

서리나	지난 주말에 뭐 했어요?
벤	청소하고 요리했어요. 서리나는 주말에 뭐 했어요?
서리나	저는 도서관에 가서 공부했어요.

Cerina	What did you do last weekend?
Ben	I cleaned the room and cooked. What did you do during the weekend?
Cerina	I went to the library and studied.

4-1 The clausal connective –고 (1)

'–고' is used <u>to list two or more actions, states, or facts</u>. In this case, '–고' means 'and' in English. '–고' is added to the stem of the predicates.

(1) 커피가 싸요. 그리고 커피가 맛있어요.

→ 커피가 **싸고** 맛있어요. (Coffee is cheap and tasty.)

(2) 서리나는 예뻐요. 그리고 서리나는 착해요.

→ 서리나는 **예쁘고** 착해요. (Cerina is pretty and nice.)

'∼고' may be used more than once as in the example.

(3) 우리 아파트는 <u>넓고 싸고 깨끗하고 조용해요</u>.

(My apartment is spacious, cheap, clean, and quiet.)

말하기 연습 | Look at the pictures and make dialogues with your partner, using the suggested words.

A: 벤이 어때요?

B: 벤은 <u>친절하고 똑똑해요</u>.

착하다, 넓다, 크다, 조용하다, 깨끗하다, 친절하다, 부지런하다, 똑똑하다 (smart)

| 1. 벤 | 2. 동네 | 3. 슈렉 | 4. 도서관 | 5. (Name) 방 |

'~고' may be used to describe the actions of more than two people.

(4) 샤닐은 신문을 읽어요. 그리고 리아는 커피를 마셔요.

　　→ 샤닐은 신문을 읽고 리아는 커피를 마셔요.

　　(Shanil reads newspaper, and Leah drinks coffee.)

말하기 연습 2 Look at the pictures and make dialogues with your partner to describe the actions of two people.

A: 벤하고 서리나가 뭐 해요?

B: 벤은 청소하고 서리나는 설거지를 해요.

1. 벤　　　　　　　서리나　　　　　2. 샤닐　　　　　　리아

3. 미쉘　　　　　　줄리아　　　　　4. 제니　　　　　　준

Past tense in the '－고' clauses: Tense is expressed only in the second clause.

(5) 커피가 쌌어요. 그리고 커피가 맛있었어요.

　　→ 커피가 싸고 맛있었어요. (Coffee was cheap and tasty.)

(6) 방이 컸어요. 그리고 넓었어요

　　→ 방이 크고 넓었어요. (The room was big and spacious.)

(7) 서리나는 테니스장에 갔어요. 그리고 벤은 수영장에 갔어요.

　　→ 서리나는 테니스장에 가고 벤은 수영장에 갔어요.

　　(Cerina went to the tennis court, and Ben went to the swimming pool.)

Look at the pictures and make dialogues with your partner to describe the actions of two people in the past form.

A: 벤하고 서리나가 어제 뭐 했어요?

B: <u>벤은 운동하고 서리나는 음악을 들었어요.</u>

1. 벤   서리나   2. 샤닐   리아

3. 미쉘   줄리아   4. 제니   준

4-2 The clausal connective –고 (2)

The clausal connective '~고' is also used <u>to express the sequence of the actions</u>. In this case, '–고' means 'and then', and both clauses should have the same subject. In the same way, <u>the tense is expressed only in the second clause.</u>

(1) 저는 어제 밥을 먹었어요. 그리고 텔레비전을 봤어요.

　→ 저는 어제 밥을 먹고 텔레비전을 봤어요. (I had a meal and then watched TV yesterday.)

(2) 벤은 매일 샤워해요. 그리고 자요.

　→ 벤은 매일 샤워하고 자요. (Everyday Ben takes a shower and then sleep.)

말하기 연습 4 Look at the pictures and make dialogues with your partner to describe two actions that the person did yesterday.

A: 어제 벤이 뭐 했어요?
B: <u>밥 먹고 잤어요</u>.

1. 벤

2. 아버지

3. 준

4. 서리나

5. 어머니

6. 샤닐

7. 케빈

8. 미쉘

말하기 연습 5 Ask the following questions to your partner, using '-고'.

1. 저녁 먹고 보통 뭐 해요?
2. 어제 저녁에 집에서 뭐 했어요?
3. 지난 생일에 뭐 했어요?

말하기 연습 6 Some information is missing from the list of Cerina's activities last week. Ask your partner about what Cerina did on a particular day and fill in the blanks with the description. (See the appendix).

4-3 The clausal connective −어서/아서/해서

When the two sequential events are tightly related, '−어서/아서/해서' are added to the stem, instead of '−고'. The sequential connective '−어서/아서/해서' are used only when the subjects are the same in the two clauses. '가다', '오다', '일어나다', '씻다', '사다', '배우다', and '만나다' are the typical verbs which can be used with '−어서/아서' as a sequential relationship. Tense marker does not appear in '−어서/아서'.

Ending		Dictionary form	Present form
−아서	When the last vowel of the stem is '아,' or '오'	앉다	앉아서
−어서	When the last vowel of the stem is NOT '아, 오'	씻다	씻어서
−해서	When the verbs or adjectives include '하다'	운전하다	운전해서
Contraction (When the stem does not have a final consonant)	When the last vowel of the stem is '아'	가다	가서
	When the last vowel of the stem is '으'	크다	커서
	When the last vowel of the stem is '애'	지내다	지내서
	When the last vowel of the stem is '이'	마시다	마셔서
	When the last vowel of the stem is '오'	오다	와서
	When the last vowel of the stem is '우'	주다	줘서

(1) 서점에 가서 잡지를 샀어요. (I went to the bookstore and bought a magazine.)
(2) 아침에 일어나서 운동했어요. (I got up in the morning and exercised.)
(3) 오후에 친구를 만나서 영화관에 갔어요.

　　(I met a friend and went to a movie theatre in the afternoon.)

'−고' is simply to list two or more events, and does not have any implication that the first event is related to the second.

(4) 친구를 만나서 영화를 보러 갔어요.

　　(I met a friend and then went to see the movie with the friend.)

　　cf. 친구를 만나고 영화를 보러 갔어요.

　　(It does not necessarily imply he saw the movie with the friend)

(5) 백화점에 가서 선물을 샀어요.

   (I went to a department store and then bought a present there).

   cf. 백화점에 가고 선물을 샀어요.

   (I went to a department store; I (also) bought a present somewhere else.)

말하기 연습 7 Look at the pictures and make dialogues using '-어서/아서/해서'.

A: 어제 뭐 했어요?

B: <u>도서관에 가서 숙제했어요</u>.

1. 도서관에 가다 → 숙제하다   2. 공원에 가다 → 테니스를 치다

3. 학교에 가다 → 공부하다   4. 햄버거를 사다 → 먹다

5. 친구를 만나다 → 영화를 보다   6. 사과를 씻다 → 먹다

7. 옷을 사다 → 입다(to wear)   8. 아침에 일어나다 → 세수하다
                                     (to wash one's face)

Interview yourself and your partner and respond using '-어서/아서/해서'.

A: 친구를 보통 어디서 만나요?

B: 도서관에 가서 만나요.

Questions		나	친구
1. 친구를 보통 어디서 만나요?	(1) 도서관에 가다 (2) 식당에 가다		
2. 커피를 보통 언제 마셔요?	(1) 아침에 일어나다 (2) 학교에 가다		
3. 과일을 보통 어떻게 먹어요?	(1) 씻다 (2) 깎다(to peel)		
4. 영화를 보통 어디 가서 봐요?	(1) 친구 집에 가다 (2) 영화관에 가다		
5. 남자/여자 친구의 선물을 보통 어떻게 줘요?	(1) 만들다(to make) (2) 사다		
6. 커피를 보통 어떻게 마셔요?	(1) 설탕만 넣다(to put sugar only) (2) 설탕하고 크림을 넣다(to put sugar and cream)		
7. 저녁을 보통 어떻게 먹어요?	(1) 사다 (2) 요리하다		
8. 텔레비전을 보통 어떻게 봐요?	(1) 앉다 (2) 누워서(to lie down)		
9. 책을 보통 어떻게 읽어요?	(1) 앉다 (2) 누워서(to lie down)		

Make dialogues with your partner. Respond according to your situations using '-어서/아서/해서'.

1. A: 오늘 학교에 와서 뭐 했어요?
   B: 학교에 와서 수업을 들었어요.
2. 어제 친구를 만나서 뭐 했어요?
3. 보통 아침에 일어나서 뭐 해요?
4. 오늘 집에 가서 뭐 해요?
5. 보통 친구를 만나서 어디에 가요?
6. 도서관에 가서 보통 뭐 해요?
7. 백화점에 가서 보통 뭐 사요?
8. 한국어를 배워서 뭐 해요?

읽기 (Reading) ❶ 운동 안 했어요?

서리나	지난 주말에 운동 안 했어요?
벤	네, 못 했어요. 주말에 삼촌이 오셨어요.
서리나	그랬어요? 삼촌하고 자주 만나요?
벤	아니요. 요즘은 자주 못 만나요.
	삼촌은 미국에 계세요.
	그런데 어제 캐나다에 오셨어요.
서리나	삼촌하고 뭐 했어요?
벤	저녁도 먹고 이야기도 많이 했어요.
서리나	식당에서 저녁 먹었어요?
벤	아니요. 집에서 요리해서 먹었어요.
서리나	뭘 요리했어요?
벤	야채 샐러드하고 닭고기 요리를 했어요.
서리나	벤은 요리를 잘 해요?
벤	아니요. 잘 못 해요. 그런데 다행히 삼촌이 제 요리를 좋아하셨어요.

 읽기 (Reading) ❷ 삼촌이 오셨어요.

벤은 주말에 보통 체육관에서 운동해요. 그런데 지난 주말에는 삼촌이 비행기를 타고 벤 집에 오셨어요. 그래서 지난 주말에 운동을 못 했어요. 미국에서 벤하고 삼촌은 아주 친했어요. 그런데 요즘 벤은 삼촌을 자주 못 만났어요. 토요일 아침에 벤은 일찍 일어나서 방을 청소했어요. 그리고 마트에 가서 야채하고 과일도 샀어요. 벤은 저녁에 야채 샐러드하고 닭고기 요리를 했어요. 다행히 삼촌은 벤의 요리를 아주 좋아하셨어요. 벤하고 삼촌은 이야기를 많이 했어요. 벤은 삼촌하고 공원에서 산책도 했어요. 삼촌은 월요일 아침에 미국에 가셨어요.

Read the narration and respond to the following questions.

(1) 벤은 지난 주말에 왜 운동을 못 했어요?

(2) 벤은 토요일 오전에 뭐 했어요?

(3) 벤은 뭘 요리했어요?

(4) 벤은 주말에 삼촌하고 뭐 했어요?

(5) 삼촌은 언제 미국에 가셨어요?

연습 2 A. Write 3 things that you did during the last weekend.

(1)

(2)

(3)

B. Write what you ate yesterday.

(1) 아침에는

(2) 점심에는

(3) 저녁에는

C. Write where you went last year.

(1)

(2)

Reading ① Didn't you exercise?

Cerina	Didn't you exercise last weekend?
Ben	No, I couldn't. My uncle visited me last weekend.
Cerina	Oh, was that so? Do you often meet your uncle?
Ben	No, I cannot often meet him these days. My uncle lives in the U.S. But he came to Canada yesterday.
Cerina	What did you do with your uncle?
Ben	We had a supper and talked a lot.
Cerina	Did you have a supper at a restaurant?
Ben	No. I cooked to have a meal at home.
Cerina	What did you cook?
Ben	I made vegetable salad and cooked chicken.
Cerina	Are you good at cooking?
Ben	No, I am not. But fortunately my uncle liked my food.

Reading ② My uncle came.

Ben usually exercises at the gym on the weekend. But in the last weekend, his uncle came to Ben's place by airplane. Ben and his uncle were very close when they were in the U.S. But these days Ben could not often meet his uncle. On Saturday morning, Ben got up early and cleaned the room. And he went to the mart and bought some vegetables and fruits. In the evening, Ben made vegetable salad and cooked chicken. Ben's uncle liked Ben's food. Ben and his uncle talked a lot. Ben and his uncle also took a walk at a park. Ben's uncle went back to the U.S on Monday morning.

2

뭐 할 거예요?
(What are you going to do?)

뭐 할 거예요?
(What are you going to do?)

말하기 1 운전을 배울 거예요. (I'll learn how to drive.)

말하기 2 뭐 하고 싶어요? (What do you want to do?)

말하기 3 자전거 탈 수 있어요? (Can you ride a bicycle?)

말하기 4 한국 부채춤을 배워요. (I learn Korean fan dance.)

Upon completion of this lesson, you will be able to:

1. Express a probable future event or plan.
2. Express your wishes.
3. Express your capability of doing things.
4. Describe two contrary actions or states.

Grammatical items

- –을/ㄹ 거예요 (Future events)
- –(으)실 거예요 (Future honorific form)
- –고 싶어요/싶어해요 (Expressing desire)
- –을/ㄹ 수 있어요 (Capability)
- 그렇지만 (Conjunction: but)
- –지만 (Connective: but)
- ㅂ irregular predicates

The Korean language is one of the languages which have highly developed many sensorial expressions, such as various onomatopoeia, mimetic words, and rich sensorial adjectives. Koreans like to describe objects, situations and their emotions delicately and vividly, using those sensorial expressions. Korean onomatopoeia is called '의성어' which are sound words associated with an object or an action. For example, 'beep-beep' for a car horn, 'woof-woof' for a dog's barking sound, and 'bang' for the firing of a gun are the examples of the English onomatopoeia. Let's take animals, for instance. What sound does a dog make? In English, people may say "Woof! Woof!" but, in Korean, people would say "멍멍". Clearly people's perceptions on sounds are very different according to the language culture. Cats, in English, go "meow, meow"; in Korean, "야옹". Korean pigs sound "꿀꿀꿀" whereas in English "oink-oink". The followings are more examples of animal sounds.

| 개굴개굴 | 부엉부엉 | 음메 | 찍찍 | 꼬끼오 | 삐약삐약 |

Korean also use onomatopoeia to describe the sounds which objects make.

| 똑똑(knocking) | 칙칙폭폭 | 째깍 째깍 | 쿵 | 부릉부릉 |

Human sounds can also be expressed using Korean onomatopoeia.

| 아야 | 앗 | 꿀꺽꿀꺽 (drinking) | 냠냠 (chewing) | 엉엉/흑흑 (crying) | 쿨쿨 (sleeping) |

Lesson 1 | Lesson 2 | Lesson 3 | Lesson 4 | Lesson 5

Nouns

겨울	winter
고향	hometown
날씨	weather
내년	next year
눈	snow
방학	break/vacation
부채	fan
비	rain
생활	life
스케이트	skate
스키	ski
여름	summer
자전거	bicycle
젓가락 [젇까락]	chopsticks
중고차	used car
춤	dance
파티	party
피아노	piano

Verbs

가지다 (갖다)	to have
결혼(하다)	to get married
다니다	to attend
살다	to live
쓰다	(1) to write (2) to use
운전(하다)	to drive
입다	to wear
춤(을) 추다	to dance

Adjectives

가깝다	to be close
귀엽다	to be cute
그립다	to be homesick
더럽다	to be dirty
덥다	to be hot
따뜻하다 [따뜨타다]	to be warm
맑다 [막따]	to be clear
멀다	to be far
쉽다	to be easy
어렵다	to be difficult
좁다	to be narrow
즐겁다	to be joyful
춥다	to be cold
흐리다	to be cloudy

Other expressions

그렇지만 [그러치만]	but
다음	next
모두	all
새	new
정말	really
참	(1) very (2) by the way
혼자(서)	alone

리아   오늘 날씨가 어때요?
서리나   맑아요.

오늘 날씨가 어때요?

맑아요	흐려요	비가 와요	눈이 와요	따뜻해요	추워요	더워요
It is sunny.	It is cloudy.	It rains.	It snows.	It is warm.	It is cold.	It is hot.

연습

Ask the following questions to your partner.

1 오늘 날씨가 어때요?   2 어제 날씨가 어땠어요?

3 내일 날씨가 어때요?

선생님	서리나는 이번 여름 방학에 뭐 할 거예요?
서리나	저는 운전을 배울 거예요. 선생님은 방학에 뭐 하실 거예요?
선생님	저는 한국에 가서 가족을 만날 거예요.

Teacher	Cerina, what are you going to do during this summer vacation?
Cerina	I will learn driving a car. What are you going to do during this vacation?
Teacher	I will go to Korea and meet my family.

1-1 Future polite form –을/ㄹ 거예요

'–을/ㄹ 거예요' is used to express a probable future or intention. '–을 거예요' is added to the stem when the stem ends in a consonant while '–ㄹ 거예요' is added to the stem when the stem ends in a vowel. However, when the stem ends in 'ㄹ', '–거예요' is added to the stem.

When the stem ends in a consonant		When the stem ends in a vowel		When the stem ends in 'ㄹ'	
Dic. form	–을 거예요	Dic. form	–ㄹ 거예요	Dic. Form	거예요
먹다	먹을 거예요	가다	갈 거예요	살다	살 거예요
맑다	맑을 거예요	흐리다	흐릴 거예요	멀다	멀 거예요
듣다*	들을 거예요	청소하다	청소할 거예요		
걷다*	걸을 거예요				

* '듣다' and '걷다' are 'ㄷ' irregular verbs in which that 'ㄷ' changes into 'ㄹ' in front of a vowel.

1. Probable future (is likely to)

(1) 내일 날씨가 맑을 거예요. (The weather will be clear tomorrow.)
(2) 내일은 흐릴 거예요. (Tomorrow will be cloudy.)
(3) 비가 올 거예요. (It will rain.)

2. Intention or plan (is going to, will)

(1) 다음 금요일에 파티를 할 거예요. (I will have a party next Friday.)
(2) 내년에 대학원에 갈 거예요. (I will go to a graduate school next year.)
(3) 우리는 결혼할 거예요. (We will get married.)
(4) 저는 음악을 들을 거예요. (I will listen to music.)
(5) 저는 한국에서 살 거예요. (I will live in Korea.)

Look at the pictures and make dialogues with your partner.

A: 내일 날씨가 어때요?
B: 내일은 <u>맑을 거예요</u>.

| 맑다 | 흐리다 | 비가 오다 | 따뜻하다 | 눈이 오다 |

Look at the pictures and make dialogues with your partner.

A: 내일 뭐 할 거예요?
B: <u>숙제할 거예요</u>.

1. 산책하다   2. 피아노를 치다   3. 친구를 만나다   4. 테니스를 치다

5. 영화를 보다   6. 책을 읽다   7. 옷을 사다   8. 커피를 마시다

9. 자다   10. 설거지하다   11. 청소하다   12. 수업을 듣다

말하기 연습 3 Interview your partner with the following questions.

1. (Name)은/는 다음 토요일에 뭐 할 거예요?
2. (Name)은/는 내일 뭐 먹을 거예요?
3. (Name)은/는 다음 일요일에 어디에 갈 거예요?
4. 이번 방학에 뭐 할 거예요?
5. 내년 생일에 누구하고 시간을 보낼 거예요?
6. 몇 살에 결혼할 거예요?
7. 40 [마흔] 살에 어디서 살 거예요?

3. Definite future
When the future event is a fixed schedule which has no change of being changed, the present form is used.

(1) 내일이 제 생일이에요. (Tomorrow is my birthday.)
   cf. 내일이 서리나 생일일 거예요.
      (Tomorrow may be Cerina's birthday. – The speaker is guessing about Cerina's birthday.)
(2) 다음 목요일에 시험이 있어요. (I have an exam on the next Thursday.)
(3) 12월 25일은 휴일이에요. (December 25th is a holiday.)

말하기 연습 4 Ask your partner with the following questions.

1. A: 생일이 언제예요?
   B: 5월 26일이 제 생일이에요.
2. 언제가 크리스마스예요?
3. 휴일이 언제예요?
4. 언제 시험이 있어요?
5. 언제 수업이 있어요?
6. 친구 생일이 언제예요?

Extended practice

When asking about the time of an event, Koreans may use different sentence structures, as shown below. But there is no difference in its meaning.

언제가 시험이에요? ('언제' as a subject)

시험이 언제예요? ('언제' as a compliment)

언제 시험이 있어요? ('언제' as an adverb)

Response: 3월 10일이 시험이에요.

시험은 3월 10일이에요.

3월 10일에 시험이 있어요.

1-2 Future honorific form –(으)실 거예요

'–(으)실 거예요' is an honorific ending to express a probable future or intention. '–(으)실 거예요' is added to the stem when the stem ends in a consonant while '–실 거예요' is added to the stem when the stem ends in a vowel.

Dict. form	The stem ending with a consonant –으실 거예요	Dict. form	The stem ending with a vowel –실 거예요
앉나	앉으실 거예요	가다	가실 거예요
웃다	웃으실 거예요	춤추다	춤추실 거예요
많다	많으실 거예요	운전하다	운전하실 거예요
듣다	들으실 거예요	다니다	다니실 거예요

(1) 선생님은 내일 수업을 가르치실 거예요. (The teacher will teach her class tomorrow.)

(2) 아버지는 내년에 한국에 가실 거예요. (Father will go to Korea next year.)

(3) 어머니는 오늘 많이 웃으실 거예요. (Mother will laugh a lot today.)

말하기 연습 5 The role playing: One person plays a teacher and the other person plays a student. Ask the following questions to your partner.

1. A: 선생님은 내일 몇 시에 일어나실 거예요? (일어나다)

   B: 아침 7시에 일어날 거예요.

2. 선생님은 내일 아침에 뭘 [　　　　　　　　　]? (드시다: to eat)

3. 선생님은 내일 뭘 [　　　　　　　　　]? (입다)

4. 선생님은 내일 오전에 어디에 [   ]? (가다)

5. 선생님은 12시에 누구를 [   ]? (만나다)

6. 선생님은 오늘 어디서 [   ]? (쇼핑하다)

7. 선생님은 내일 오후 6시에 뭘 [   ]? (하다)

8. 선생님은 저녁 먹고 뭘 [   ]? (하다)

말하기 연습 6 Look at the pictures and do the role playing with your partner.

A: 내일 할아버지는 뭐 하실 거예요?
B: 음악을 들으실 거예요.

1. 음악을 듣다

2. 수업을 가르치다

3. 친구를 만나다

4. 테니스를 치다

5. 텔레비전을 보다

6. 책을 읽다

7. 쇼핑 하다

8. 커피를 마시다

9. 자전거를 타다

10. 춤을 추다

11. 친구한테 전화하다

12. 피아노를 치다

리아	오늘 오후에 뭐 하고 싶어요?
샤닐	저는 자전거 타고 싶어요. 리아는 뭐 하고 싶어요?
리아	저는 영화 보고 싶어요.
샤닐	그런데 줄리아는 뭐 하고 싶어해요?
리아	줄리아는 수영장에 가고 싶어해요.

Leah	What do you want to do this afternoon?
Shanil	I want to ride a bike. What do you want to do?
Leah	I want to watch a movie.
Shanil	By the way, what does Julia want to do?
Leah	Julia wants to go to the swimming pool.

2-1 Expressing desire −고 싶다/싶어하다

'−고 싶다' expresses the wish or hope of the speaker. It means 'want to' in English.

(1) 저는 컴퓨터를 사고 싶어요. (I want to buy a computer.)
(2) 새 차를 갖고 싶어요. (I want to get a new car.)
(3) 고향에 가고 싶어요. (I want to go to my hometown.)

말하기 연습 | Look at the pictures and make dialogues with your partner.

A: 뭐 하고 싶어요?
B: 영화를 보고 싶어요.

1. 영화를 보다

2. 운동하다

3. 친구를 만나다

4. 차를 마시다

5. 자다

6. 운전을 배우다

7. 새 차를 사다

8. 목욕하다

9. 자전거를 타다

10. 손을 씻다

11. 스키를 타다

12. 결혼하다

Past tense: '–고 싶었어요'

(4) 집에 일찍 가고 싶어요. → 집에 일찍 가고 싶었어요. (I wanted to go home early.)

말하기 연습 2 Ask the following questions to your partner.

1. A: 어제 저녁에 뭘 먹고 싶었어요?
   B: 피자를 먹고 싶었어요.
2. 어제 뭘 하고 싶었어요?
3. 지난 방학에 어디 가고 싶었어요?
4. 지난 생일에 뭘 받고 싶었어요?
5. 어제 뭘 마시고 싶었어요?
6. 어릴 때 (when you were young) 어디에서 살고 싶었어요?
7. 어릴 때 (when you were young) 뭘 배우고 싶었어요?

When the subject is the third person, '–고 싶어하다' is used.

(5) 제니는 한국어를 배우고 싶어해요. (Jenny wants to learn Korean.)
(6) 줄리아는 고향에 가고 싶어해요. (Julia wants to go to her hometown.)

말하기 연습 3 Look at the pictures and make dialogues as in the example.

A: 서리나는 뭐 하고 싶어해요?
B: 서리나는 컴퓨터를 사고 싶어해요.

1. 서리나 / 컴퓨터를 사다

2. 벤 / 새 차를 갖다

3. 샤닐 / 한국 음식을 먹다

4. 리아 / 피아노를 배우다

Interview your classmates and report their wishes to your partner.

(For your interview) A: 이번 생일에 뭐 갖고 싶어요?

B: 저는 컴퓨터를 갖고 싶어요.

(Reporting to your partner) 저는 새 모자를 갖고 싶어요. 그런데 서리나는 컴퓨터를 갖고 싶어해요. 그리고 샤닐은 새 자전거를 갖고 싶어하고 리아는 새 옷을 갖고 싶어해요.

나	이름:	이름:	이름:

Two people have different information about the people's schedules. Ask your partner to get the information and fill in the blanks as in the example. See the appendix.

A: 벤은 어디에 가고 싶어해요?

B: 벤은 <u>영화관</u>에 가고 싶어해요.

	벤	준	줄리아	서리나
어디에 가다	영화관			
뭐 하다				
언제 가다				
누구하고 같이 가다				
어느 식당에 가다				
뭐 먹다				

리아	자전거 탈 수 있어요?
샤닐	네, 잘 타요. 리아는 자전거를 탈 수 있어요?
리아	저는 자전거 못 타요. 그렇지만 배우고 싶어요.
샤닐	참, 내일 아침 일찍 만날 수 있어요?
리아	네, 왜요?
샤닐	공원에 자전거 타러 가요.

Leah	Can you ride a bicycle?
Shanil	Yes, I am good at it. Can you ride a bicycle?
Leah	I can't ride a bicycle. But I want to learn.
Shanil	By the way, can you meet me early in the morning tomorrow?
Leah	Yes. Why?
Shanil	Let's go to the park to ride a bicycle.

3-1 **Capability −을/ㄹ 수 있다/없다**

'−을/ㄹ 수 있다' is used when someone or something is able to do something, or when something is possible. '−을/ㄹ 수 없다' is the negative counterpart. '−을/ㄹ 수 있다/없다' means 'can/cannot' in English. The stem ending in a consonant takes '−을 수 있다/없다' while the stem ending in a vowel takes '−ㄹ 수 있다/없다'.

When the stem ends in a consonant		When the stem ends in a vowel		When the stem ends in 'ㄹ'	
Dic. form	−을 수 있다	Dic. form	−ㄹ 수 있다	Dic. Form	수 있다
앉다	앉을 수 있다	가다	갈 수 있다	살다	살 수 있다
읽다	읽을 수 있다	타다	탈 수 있다		
듣다*	들을 수 있다	운전하다	운전할 수 있다		

* '듣다' is a 'ㄷ' irregular verb in which that 'ㄷ' changes into 'ㄹ' in front of a vowel.

(1) 내일 만날 수 있어요? (Can we meet tomorrow?)
(2) 운전할 수 있어요? (Can you drive?)
(3) 스케이트 탈 수 있어요? (Can you skate?)
(4) 선생님들은 기숙사에서 살 수 없어요. (Teachers cannot live in the dormitory.)

'−을/ㄹ 수 없어요' can be replaced with '못 + −어요/아요'.

(5) 서리나: 내일 만날 수 있어요? (Can you meet me tomorrow?)
　준: 아니요. 내일은 만날 수 없어요. / 아니요. 내일은 못 만나요.
　　(No, I can't meet you tomorrow.)

(6) 서리나: 피아노 칠 수 있어요? (Can you play the piano?)
　리아: 네, 칠 수 있어요. / 아니요, 못 쳐요.
　　(Yes, I can)　　(No, I can't.)

Look at the pictures and make dialogues with your partner.

A: 내일 <u>영화 볼 수 있어요</u>?
B: <u>네, 좋아요</u>. / <u>아니요, 못 봐요. 내일 바빠요</u>.

1. 영화를 보다   2. 운동하다   3. 만나다   4. 커피 마시다

5. 산책하다   6. 전화하다   7. 수영하다   8. 요리하다

9. 청소하다   10. 자전거 타다   11. 스키 타다   12. 테니스 치다

말하기 연습 **2** Ask and answer to the following questions with your partner, using '-을/ㄹ 수 있어요?'

A: 혼자 살 수 있어요?
B: 네, 혼자 살 수 있어요 / 아니요, 혼자 못 살아요.

Questions	나	친구
혼자 살다		
수영을 하다		
스케이트를 타다		
피아노를 치다		

K-POP 춤을 추다		
많이 걷다		
김치를 먹다		
혼자 여행하다		
한국 음식을 요리하다		
스키를 타다		
테니스를 치다		
자전거를 타다		
기타 (guitar)를 치다		
젓가락을 쓰다		
운전하다		
술을 마시다		
한국 노래를 하다		
내일 영화 보러 가다		

말하기 연습 3 Talk about what you can do in the following places with your partner.

A: 도서관에서 뭘 할 수 있어요?

B: 도서관에서 <u>숙제를 할 수 있고, 책을 읽을 수 있고, 공부를 할 수 있어요</u>.

도서관에서   체육관에서   커피숍에서   백화점에서   집에서

3-2 The conjunction 그렇지만

그리고	그래서	그런데	그럼
and	so; therefore	but; by the way	if so; then
기숙사가 조용해요. 그리고 깨끗해요.	비가 와요. 그래서 우산을 써요.	A: 비가 와요. 그런데 우산이 없어요. B: 제 우산을 같이 써요. 그런데 언제 집에 가요?	A: 수업이 4시에 끝나요. B: 그럼, 4시 10분에 학교 식당에서 만나요.

The Conjunction '그렇지만' is used when <u>the information of the second sentence is opposite or contrary</u> to the one of the first sentence. It means 'but' in English. '그런데' can also be used as the meaning of 'but', but it can also be used for changing the topic. For this reason, '그렇지만' and '그런데' are not always replaceable'. In addition, '그렇지만' has more formal nuance than '그런데'. Thus, it is more common to use '그런데' in casual conversation and '그렇지만' in writing.

한국어는 재미있어요. 그렇지만 숙제가 많아요.	케빈은 프랑스 사람이에요. 그렇지만 한국어를 참 잘해요.

(1) 리아는 자전거가 있어요. 그렇지만 자전거를 못 타요.

　　(Leah has a bicycle. But she cannot ride a bicycle.)

(2) 저는 과일을 좋아해요. 그렇지만 야채를 싫어해요.

　　(I like fruits, but I don't like vegetable.)

(3) 어머니는 강아지를 좋아하세요. 그렇지만 아버지는 고양이를 좋아하세요.

　　(My mother likes a dog, but my father likes a cat.)

Look at the pictures and make dialogues with your partner.

A: 자전거하고 스키 탈 수 있어요?

B: <u>자전거를 탈 수 있어요. 그렇지만 스키를 못 타요.</u>

1. 자전거를 타다
   스키를 타다

2. 주스를 마시다
   커피를 마시다

3. 피아노를 치다
   기타(guitar)를 치다

4. 피자를 먹다
   김치를 먹다

5. 포크를 쓰다
   젓가락을 쓰다

6. 노래하다
   춤을 추다

제2과 | 뭐 할 거예요? **65**

제니	저는 요즘 한국 부채 춤을 배워요.
서리나	그래요? 한국춤은 어때요?
제니	조금 어렵지만 재미있어요.

Jenny	I learn Korean fan dance these days.
Cerina	Really? How is the Korean fan dance?
Jenny	It is difficult, but it is fun.

4-1 'ㅂ' irregular predicates

Most of the predicates that have the stem ending in 'ㅂ' follow the irregular conjugation rule in which 'ㅂ' changes into '오' or '우' before a vowel. '어렵다', '쉽다', '춥다', '덥다', and '귀엽다' are the examples of the predicates following the irregular rule.

	어렵다	어렵 + -어요 → 어려우+ -어요 → 어려워요 어렵 + -을/ㄹ 거예요 → 어려우 + -ㄹ 거예요 → 어려울 거예요
	춥다	춥 + -어요 → 추우 + -어요 → 추워요 춥 + -을/ㄹ 거예요 → 추우 + -ㄹ 거예요 → 추울 거예요
	귀엽다	귀엽 + -어요 → 귀여우 + -어요 → 귀여워요 귀엽 + -을/ㄹ 거예요 → 귀여우 + -ㄹ 거예요 → 귀여울 거예요

(1) 한국어가 어려워요. (Korean language is difficult.)
(2) 어제는 날씨가 추웠어요. (It was cold yesterday.)
(3) 내일은 날씨가 더울 거예요. (It will be hot tomorrow.)
(4) 언니 방은 깨끗하지만 제 방은 더러워요. (My sister's room is clean, but my room is dirty.)

cf. Some predicates that have 'ㅂ' in their stem follow the regular rule. '좁다' is an example of the predicates following the regular rule.

	좁다	좁 + 아요 → 좁아요 좁 + 을 거예요 → 좁을 거예요	방이 좀 좁아요. 방이 좀 좁을 거예요.
	입다	입 + 어요 → 입어요 입 + 을 거예요 → 입을 거예요	옷을 입어요. 옷을 입을 거예요.

말하기 연습 **1** Look at the pictures and make dialogues with your partner.

A: 오늘 추워요?
B: 네, 아주 추워요.

1. 오늘 춥다   2. 오늘 덥다   3. 시험이 어렵다   4. 시험이 쉽다

5. 강아지가 귀엽다   6. 손이 더럽다   7. 두 사람 사이가 가깝다   8. 파티가 즐겁다

말하기 연습 **2** Ask the following questions to your partner.

1. A: 한국어 숙제가 <u>쉬워요</u>?
   B: 네, 쉬워요. / 아니요, 어려워요.
2. 요즘 날씨가 (덥다)?
3. 집이 (가깝다)?
4. 스케이트가 (쉽다), 스키가 (쉽다)?
5. 테니스가 (어렵다), 수영이 (어렵다)?
6. 할로윈(Halloween)이 (즐겁다), 크리스마스(Christmas)가 (즐겁다)?
7. 강아지가 (귀엽다), 고양이가 (귀엽다)?
8. (Name) 방이 (좁다)?
9. 고향이 많이 (그립다)?

4-2 The Clausal connective –지만

'–지만' plays the role of connecting the two clauses in a sentence that have the opposite or the contrary information. It has the same meaning with '그렇지만', and it is directly added to the stem of the dictionary form of the predicates.

이 가방은 조금 비싸다.	이 가방은 예쁘다.	운전은 어렵다.	운전은 재미있다.
→ 이 가방은 조금 비싸지만 예뻐요.		→ 운전은 어렵지만 재미있어요.	

(1) 서리나 집은 가깝지만 줄리아 집은 멀어요.

   (Cerina's house is close, but Julia's house is far.)

(2) 리아는 수영을 잘 하지만 샤닐은 자전거를 잘 타요.

   (Leah is good at swimming, but Shanil is good at riding a bicycle.)

(3) 벤은 새 차를 갖고 싶어하지만 샤닐은 새 컴퓨터를 갖고 싶어해요.

   (Ben wants to get a new car, but Shanil wants to get a new computer.)

말하기 연습 3 Make dialogues using '-지만' or '-고', as in the example.

A: 학교 생활이 어때요?

B: 학교 생활은 바쁘지만 재미있어요. / 학교 생활은 재미있고 즐거워요.

학교 생활	재미있다 / 즐겁다 / 재미없다 / 바쁘다 / 시험이 많다 / 숙제가 많다

(Name) 방	넓다 / 깨끗하다 / 조용하다 / 겨울에 따뜻하다 / 좁다 / 여름에 덥다

도서관	넓다 / 깨끗하다 / 책이 많다 / 더럽다 / 좁다 / 복잡하다

(Name of the City) 버스	싸다 / 편리하다(to be convenient) / 깨끗하다 / 비싸다 / 불편하다(to be inconvenient) / 복잡하다

학교 식당 음식	싸다 / 맛있다 / 비싸다 / 맛없다 / 짜다(to be salty)

(Name of the City) 날씨	따뜻하다 / 맑다 / 흐리다 / 비가 자주 오다 / 눈이 자주 오다 / 덥다 / 춥다
내 친구	착하다 / 친절하다 / 귀엽다 / 잘 안 웃다 / 운동을 안 하다 / 노래를 못 하다
(Name of a course) 수업	쉽다 / 재미있다 / 선생님이 좋다 / 재미없다 / 어렵다 / 숙제가 많다

Past Tense: ∼었/았/했지만

Both of the two clauses connected with '−지만' should indicate the tense. The past form of '−지만' is '−었/았/했지만'. When the stem of the present form has 'ㅏ' or 'ㅗ' vowel, '−았지만' is added. When the stem has the other vowels, '−었지만' is added. And when the predicate has '해요', it is replaced with '−했지만'. For the vowel contraction predicates, '−ㅆ지만' is added to the stem of the present form.

Dictionary form	Present form −지만	Past form −었/았/했지만	
맑다	맑지만	−았지만	맑았지만
웃다	웃지만	−었지만	웃었지만
조용하다	조용하지만	−했지만	조용했지만
가다 지내다 마시다 쓰다 오다 배우다	가지만 지내지만 마시지만 쓰지만 오지만 배우지만	Vowel contraction −ㅆ지만	갔지만 지냈지만 마셨지만 썼지만 왔지만 배웠지만

(4) 저는 생일 파티에 못 갔지만 선물을 줬어요.

  (I could not go to the birthday party, but I gave him a present.)

(5) 어제 저는 점심을 먹었지만 동생은 못 먹었어요.

  (I had lunch yesterday, but my brother couldn't.)

Write your answers first and then interview your partner to find the differences.

1. 어제 뭐 먹었어요?
2. 어디 살아요? 집이 가까워요?
3. 몇 학년이에요?
4. 전공이 뭐예요?
5. 형제가 몇 명이에요?
6. 어제 몇 시간 잤어요?
7. 영화를 좋아해요?
8. 피자를 좋아해요?

질문	나	친구
1		
2		
3		
4		
5		
6		
7		
8		

Using the above different information between you and your partner, make sentences using '-지만'.

(Example) 저는 어제 햄버거를 먹었지만 제 친구는 닭고기를 먹었어요.

1.
2.
3.
4.
5.

서리나	준, 이번 방학에 한국에 갈 거예요?
준	아니요. 한국에 가고 싶지만 방학에 수업이 있어요. 그래서 못 가요. 서리나는 방학에 고향에 갈 거예요?
서리나	아니요, 저는 이번 방학에 열심히 일해서 차를 하나 사고 싶어요.
준	서리나는 운전할 수 있어요?
서리나	아니요, 못 해요. 그래서 이번 방학에 운전도 배울 거예요.
준	운전해서 어디에 가고 싶어요?
서리나	고향에 가고 싶어요. 고향이 멀지만 차 여행은 재미있을 거예요.

 읽기 (Reading) 2 서리나의 고향은 토론토예요.

서리나의 고향은 토론토예요. 그렇지만 서리나는 에드먼턴에서 대학교에 다녀요. 서리나 가족은 모두 토론토에 살아요. 그래서 서리나는 고향이 많이 그리워요. 그렇지만 이번 방학에 서리나는 토론토에 안 갈 거예요. 이번 방학에 서리나는 열심히 일해서 차를 하나 사고 싶어해요. 새 차는 너무 비싸요. 그래서 서리나는 중고차를 살 거예요. 그리고 서리나는 이번 방학에 운전도 배울 거예요. 서리나는 내년에 운전해서 고향에 갈 거예요. 토론토는 정말 멀어요. 그렇지만 차 여행은 정말 즐거울 거예요.

연습 1 Read the narration and answer to the following questions.

(1) 서리나는 지금 어디 살아요?

(2) 서리나의 가족은 어디 살아요?

(3) 서리나는 이번 방학에 뭐 할 거예요?

(4) 서리나는 뭘 사고 싶어해요?

(5) 서리나는 내년에 뭐 할 거예요?

연습 2 Write as directed.

A. Write about the place where you and your family live.

B. Write your two plans for this summer, using '–(을) 거예요'.

(1)

(2)

C. Write your three wish lists using '–고 싶어요'.

(1)

(2)

(3)

Cerina	Jun, are you going to Korea in this vacation?
Jun	No, I don't. I wish to go to Korea but I have a class during the break. So I can't go. Are you going to go to your hometown during this vacation?
Cerina	No, I don't. I want to work hard and buy a car during this vacation.
Jun	Can you drive?
Cerina	No, I can't. So I am also going to learn how to drive during this vacation.
Jun	Where do you want to drive to go?
Cerina	I want to drive to my hometown. My hometown is far, but the road trip is going to be fun.

Reading **2**   I am going to drive to my hometown.

Cerina's hometown is Toronto. However, Cerina attends a university in Edmonton. All of Cerina's family live in Toronto. So she misses her hometown very much. But she is not going to Toronto during this vacation. She wants to work hard and buy a car during this vacation. New cars are too expensive. So she is going to buy a used car. And she will learn driving during this vacation. She plans to drive to her hometown next year. Toronto is very far. But the road trip will be very enjoyable.

3

무슨 영화를 볼 거예요?

(What kind of movie are you going to watch?)

무슨 영화를 볼 거예요?
(What kind of movie are you going to watch?)

말하기 1 무슨 영화를 볼 거예요? (What kind of movie are you going to watch?)

말하기 2 어느 마트에 자주 가요? (Which mart do you often go?)

말하기 3 버스로 갈 거예요. (I'll go by bus.)

말하기 4 어머니 생신이었어요. (It was my mother's birthday.)

Upon completion of this lesson, you will be able to:
1. Seek an agreement from the listener.
2. Explain a person's preference on items or actions.
3. Explain the transportation to go to a particular place.
4. Use humble words properly to seniors.

Grammatical items

▸ 무슨/어느 (What kind of / Which one)
▸ −지요? (Asking for agreement)
▸ N에서 N까지 (From N to N)
▸ −(으)로 (Particle: by means of)
▸ 한테/한테서/께 (Particle: to & from)
▸ Honorific expressions
▸ Humble expressions

Sliced rice cake soup (떡국) is a traditional Korean dish that Koreans eat during the celebration of the Korean New Year. The custom of having a bowl of '떡국' in the morning of New Year's Day is to get a year older, and the custom of saying **"How many bowls of '떡국' have you eaten?"** is to ask a person's age. Koreans gain one year together on January 1st of every year (New Year's Day). This custom is different from North America, in which people gain one year on his or her birthday. In Korea, everyone is one year old at birth, and a baby in Korea will gain one year on the New Year's Day. Thus, a baby born on New Year's Eve can be two years old the next day. This age calculation historically started from China, and was used in Korea, Japan, Vietnam, Mongolia, Manchuria, Iran, and Turkey for a long time. However, all the countries except South Korea stopped using it, and Korea became the only country which still uses this aging system.

In order to find your Korean age, you only need to know your birth year. Take the current year (2021) and subtract the year you were born (2000). This will give us 21. Then add 1 because a Korean baby is one year old at birth. Now you have 22.

However, sometimes Koreans need to indicate their full ages (counting from the day they were born as in the Western age system), such as when they fill out the official and legal documents. In this case, Koreans write '만' before their ages. For example, Koreans can indicate their full ages by saying '만 21 세 ('세' is the written form of '살').' However, this '만' age system is still not used in everyday life in Korea.

Nouns

가을	autumn
간호학	nursing
계절	season
기차	train
꽃	flower
나라	country
나이	age
딸기	strawberry
말	language, speech
버스 [버쓰]	bus
봄	spring
사탕	candy
생신	(hon.) birthday
성함	(hon.) name
숟가락 [숟까락]	spoon
연세	(hon.) age
올해	this year
음료수	beverage
이메일	email
장갑	gloves
저희	(hum.) we
지하철	subway
편지	letter

Verbs

걸리다	to take (time)
나오다	to come out
나가다	to go out
내다	to submit, to pay
돌아가시다	(hon.) to die
드리다	(hum.) to give
받다	to receive
보내다	to send
뵈다	(hum.) to see
자라다	to grow
죽다	to die
준비하다	to prepare
축하(하다) [추카하다]	to congratulate
태어나다	to be born

Adjectives

기뻐하다	to be pleased
유명하다	to be famous

Other expressions

까지	till
께서	이/가's honorific word
무슨	what kind of
어느	which
얼마나	how much/many
쯤	about
한테	to
한테서	from
께	(hon.) to/from

'어떻게 되세요?' is an honorific expression that may be used when politely asking the others' names, ages, phone numbers, etc.

서리나	할아버지 연세가 어떻게 되세요?
	(How old is your grandfather?)
리아	72*이세요. (*72: 일흔 둘)
	(He is 72 years old.)
서리나	할아버지 생신은 어떻게 되세요?
	(When is your grandfather's birthday?)
리아	9월 12일이 할아버지 생신이에요.
	(It is September, 12th.)

Polite expression	Honorific expression
이름이 뭐예요?	성함이 어떻게 되세요?
몇 살이에요?	나이가 어떻게 되세요? 할아버지 연세가 어떻게 되세요? The counter '살' is not used when talking about seniors' ages.
생일이 언제예요?	생일이 어떻게 되세요? 할아버지 생신이 어떻게 되세요?
전화 번호가 뭐예요?	전화 번호가 어떻게 되세요?
전공이 뭐예요?	전공이 어떻게 되세요?

Lesson 1 Lesson 2 Lesson 3 Lesson 4 Lesson 5

연습

Ask the following questions to your partner.

1 성함이 어떻게 되세요?   2 전공이 어떻게 되세요?

3 나이가 어떻게 되세요?   4 가족이 어떻게 되세요?

5 전화 번호가 어떻게 되세요?   6 아버지 연세가 어떻게 되세요?

리아	내일 수업이 없지요?
샤닐	네, 그래서 영화관에 갈 거예요.
리아	무슨 영화를 볼 거예요?
샤닐	코메디* 영화를 볼 거예요.

Leah	You don't have a class tomorrow, do you?
Shanil	No, I don't. So I will go to a movie theatre.
Leah	What kind of movie are you going to watch?
Shanil	I will watch a comedy movie.

---

*코메디: comedy

1-1 Asking for an agreement –지요?

'–지요' is used for the speaker to seek an agreement from the listener. It means 'is it/isn't it?' or 'do you/don't you?' as a tag question in English. '–지요' is added right after the stem of the predicate. '–지요?' is sometimes shortened to '–죠?'

(1) 벤: 서리나는 캐나다 사람이지요? (You are Canadian, aren't you?)
    서리나: 네, 저는 캐나다 사람이에요. (Yes, I am Canadian.)

(2) 서리나: 서울은 사람이 많지요*? (Seoul has lots of people, hasn't it?)
    리아: 네, 많아요. (Yes, it does.)
    *'많지요' is pronounced as [만치요].

(3) 벤: 기숙사에 살죠? (You live in a dormitory, don't you?)
    준: 네, 기숙사에 살아요. (Yes, I do.)

(4) 리아: 영화가 재미있었죠? (The movie was good, wasn't it?)
    서리나: 네, 재미있었어요. (Yes, it was.)

말하기 연습 | Look at the picture and make dialogues with your partner.

A: 강아지가 귀엽지요?
B: 네, 아주 귀여워요.

1. 강아지가 귀엽다

2. 새 차가 비싸다

3. 사탕이 맛있다

4. 날씨가 맑다

5. 날씨가 춥다

6. 그 여자가 유명하다

A: 한국에서 태어났지요?

B: 네, 한국에서 태어났어요. / 아니요, 한국에서 안 태어났어요.

1. 한국에서 태어나다

2. 이메일을 보내다

3. 편지를 쓰다

4. 선물을 받다

5. 어제 즐겁다

6. 캐나다에서 자라다

7. 어제 날씨가 흐리다

8. 작년에 결혼하다

9. 부모님이 어제 집에 오시다

1-2 무슨 (what kind of) + N

'무슨' is a question word that is followed by a noun. It means 'what (kind of) N' in English.

무슨 영화 (what kind of movie or what movie)
무슨 책 (what kind of book or what book)

(1) 리아: 이거 무슨 책이에요? (What kind of book is this?)
　　샤닐: 소설책이에요. (It is a novel.)

(2) 리아: 무슨 책을 좋아해요? (What kind of books do you like?)

샤닐: 스포츠 잡지를 좋아해요. (I like sports magazines.)

(3) 리아: 이번 주말에 무슨 영화를 볼 거예요?

(What kind of movie are you going to watch this weekend?)

샤닐: 코메디 영화를 볼 거예요. (I will watch a comedy movie.)

말하기 연습 ③ Look at the pictures and make dialogues with your partner.

A: 무슨 과일을 좋아하세요?

B: 사과를 좋아해요.

1. 과일

2. 영화

3. 아이스크림

4. 운동

5. 꽃

6. 음악

말하기 연습 ④ Ask the following questions to your partner.

1. 이번 주말에 무슨 영화를 볼 거예요?

(*액션 영화: action movie, 코메디 영화: comedy, 스릴러 영화: thriller, 공포영화: horror movie, 로맨스 영화: romance, 판타지 영화: fantasy)

2. 무슨 게임(game)을 좋아해요?

3. 내일 무슨 과목을 공부할 거예요?

4. 생일에 무슨 선물을 받았어요?

5. 내일 무슨 책을 읽을 거예요?

6. 오늘은 무슨 요일이에요?

First, circle what you guessed about your partner's preferences. Secondly, interview your partner, using 무슨.

1. 음식	매운(spicy) 음식 단(sweet) 음식 짠(salty) 음식
2. 책	잡지 소설책 만화책(cartoon book)
3. 요일	월요일 화요일 수요일 목요일 금요일 토요일 일요일
4. 영화	액션(action) 영화 공포(horror) 영화 코메디(comedy) 가족 영화
5. 음악	클래식(classic) 힙합(hip-hop) K-POP 재즈(Jazz)
6. 음료수	커피 주스 차(tea) 콜라(coke) 맥주(beer)
7. 운동	수영 조깅(jogging) 스케이트 스키 하키(hockey)
8. 아이스크림	딸기 바닐라(vanilla) 초코(chocolate) 민트(mint)
9. 과목	한국어 경제학 과학(science) 음악 수학(mathematics)
10. 꽃	해바라기(sunflower) 장미(rose) 카네이션(carnation) 백합(lilies)

How many of your guesses were correct about your partner?

서리나	어느 마트에 자주 가요?
리아	저는 한국 마트에 자주 가요.
서리나	한국 마트에서 보통 뭘 사요?
리아	보통 김치하고 야채하고 과일을 사요.

Cerina	Which mart do you often go?
Leah	I often go to the Korean mart.
Cerina	What do you usually buy at the Korean mart?
Leah	I usually buy Kimchi, vegetables, and fruits.

Lesson 1
Lesson 2
Lesson 3
Lesson 4
Lesson 5

문법 (Grammar) ❷

2-1 어느 (which) + N

'어느' is also a question word which is followed by a noun. It is usually used to ask for a choice among limited candidates.

(1) 벤: 어느 영화관에 자주 가세요? (Which movie theatre do you often go?)
　　서리나: 시네플렉스 영화관에 자주 가요. (I often go to the Cineplex movie theatre.)

(2) 벤: 어느 나라에 가고 싶어요? (Which country do you want to go?)
　　서리나: 한국에 가고 싶어요. (I want to go to Korea.)

(3) 벤: 어느 계절을 좋아하세요*? (Which season do you like?)
　　서리나: 저는 봄을 좋아해요. (I like spring.)

> * '좋아하다' and '좋다' are different words which require different sentence structures.
> '좋아하다' is a verb that needs an object, while '좋다' is an adjective that cannot have an object before it.
> (4) 저는 봄을 좋아해요. (I like spring.)
> (5) 저는 봄이 좋아요. (Lit. For me, spring is good. = I like spring.)

(6) 어느 것*이 내 책이에요? (Which book is mine?)
　　* '것' can replace the noun which follows '어느'. But '것' cannot replace the noun which follows '무슨'. '무슨 것' is an unnatural expression.

말하기 연습 | Ask the following questions to your partner.

1. 어느 마트에 자주 가요?
2. 어느 계절을 좋아해요?
3. 어느 영화 배우(actor)를 좋아해요?
4. 어느 가수가 좋아요?

A: 어느 마트에 자주 가세요?
B: <u>한국 마트에 자주 가요.</u>

1. 마트

2. 커피숍

3. 옷가게

4. 영화관

5. 식당

6. 공원

말하기 연습 3 **Ask the following questions to your partner.**

1. 어느 계절을 좋아하세요?
2. 어느 영화관에 자주 가세요?
3. (Name)은/는 어느 나라 사람이에요?
4. 보통 어느 옷가게에서 쇼핑하세요?
5. 어느 나라에 가고 싶어요?
6. 보통 어느 마트에 자주 가요?
7. 어느 식당에서 보통 점심을 먹어요?
8. 무슨 요일에 수업이 있어요?
9. 다음 학기에 무슨 과목을 들을 거예요?
10. 무슨 영화를 좋아하고 무슨 영화를 싫어하세요?
11. 무슨 음악을 좋아하세요?
12. 무슨 운동을 좋아하고 무슨 운동을 싫어하세요?
13. 무슨 동물(animal)을 좋아하세요?
14. 어느 영화 배우(actor)를 좋아하세요?
15. 요즘 무슨 책을 읽으세요?
16. 오늘 저녁에 무슨 음식을 먹을 거예요?
17. 올해 생일에 무슨 선물을 받고 싶어요?
18. 무슨 음식을 좋아하세요?

말하기 연습 ④ Your group needs to organize a party. Please talk about following lists with your group members using question words. Present your party plan using '-을/ㄹ 거예요' in front of classmates.

1. Time & Place:	
무슨 파티를 할 거예요?	
누구하고 파티를 할 거예요?	
파티에 몇 명이 올 거예요?	
파티를 언제 할 거예요?	
파티를 어디에서 할 거예요?	
2. Food & Drink:	
파티에서 무슨 음식을 먹을 거예요?	
파티에서 무슨 음료수를 마실 거예요?	
음료수는 몇 병(bottle) 살 거예요?	
어느 마트에서 음료수를 살 거예요?	
3. Activities	
파티에서 뭐 할 거예요?	
파티에서 무슨 게임을 할 거예요?	
무슨 옷을 입을 거예요?	
4. Other Preparations	
뭘 준비할 거예요?	
음식을 살 거예요? 요리할 거예요?	
누가 무슨 음식을 준비할 거예요?	
돈이 얼마나 들어요? (What will be the cost?) 모두 돈을 얼마나 낼 거예요?	_____달러 들어요. 모두 _____씩(each) 낼 거예요.

서리나	한국 마트에 어떻게 가요?
리아	버스로 가요.
서리나	집에서 한국마트까지 얼마나 걸려요?
리아	30분 쯤 걸려요.

Cerina	How do you go to the Korean mart?
Leah	I go there by bus.
Cerina	How long does it take from your house to the Korean mart?
Leah	It takes about 30 minutes.

문법 (Grammar) ③

3-1 (Place)에서 (Place 2)까지 (from ~ to ~)

'얼마나 걸려요?' means 'how long does it take?' The speaker can ask about the amount of time between two physical locations, using the expression of '(Place 1)에서 (Place 2)까지 얼마나 걸려요?'

(1) 서리나: 집에서 학교까지 얼마나 걸려요? (How long does it take from your house to school?)
     샤닐: 30분 쯤 걸려요. (It takes about 30 minutes.)

말하기 연습 1 Make dialogues, using the given numbers.

A: 집에서 학교까지 얼마나 걸려요?
B: 10분 걸려요.

1. 20분   2. 35분   3. 50분   4. 1시간   5. 2시간 반

말하기 연습 2 Practice the following dialogue with your partner.

A: 어디 살아요?
B: (Name of the place)에 살아요.
A: 집에서 학교까지 멀어요?
B: 네, 멀어요. / 아니요, 가까워요.
A: 집에서 학교까지 얼마나 걸려요?
B: (time)쯤 걸려요.

말하기 연습 3 Make dialogues using the given information with your partner.

A: 교실에서 식당까지 멀어요?
B: 아니요, 가까워요.
A: 교실에서 식당까지 얼마나 걸려요?
B: 10분 쯤 걸려요.

1. 교실 / 식당
2. 기숙사 / 도서관
3. 학교 / 우체국
4. 집 / 대학교
5. 대학교 / 영화관
6. 에드먼턴 / 캘거리

이름	내일 어디 가세요?	몇 시에 (Place)에 가요?	집에서 (Place)까지 멀어요?	집에서 (Place)까지 얼마나 걸려요?	몇 시에 집에 와요?

3-2 N(으)로: by means of N (transportation)

'–(으)로' is used to express the means of the transportation. When the noun ends with a consonant, '–으로' is added to the noun. When the noun ends with a vowel or 'ㄹ', '–로' is added to the noun.

By bus	By car	By airplane	By train	By subway	By bicycle	On foot
버스로	차로	비행기로	기차로	지하철로	자전거로	걸어서

(1) 서리나: 학교에 어떻게 가요*? (How do you go to school?)
　　줄리아: 버스로 가요. (I go to school by bus.)

(2) 줄리아: 학교에 차로 와요*? (Do you drive to school?)
　　서리나: 아니요. 걸어서 와요. (No, I come to school on foot.)

*In (1), we can assume that 서리나 and 줄리아 are currently away from their school because the verb '가다' is used. On the other hand, in (2), we can assume that '서리나' and '줄리아' are currently in the school because the verb '오다' is used. The verbs '오다' and '가다' should be used properly according to the place in which the conversation occurs.

Look at the pictures and make dialogues using the information.

A: 학교에 어떻게 가요?

B: 버스로 가요.

1. 학교	2. 집	3. 마트	4. 한국	5. 수영장	6. 도서관	7. 토론토

Practice the following dialogue with your partner.

A: 어디 살아요?

B: (Name of the place)에 살아요.

A: 집에서 학교까지 멀어요?

B: 네, 멀어요 / 아니요, 가까워요.

A: 학교에 어떻게 와요?

B: (Transportation)로/으로 와요.

A: 집에서 학교까지 (Transportation) (으)로 얼마나 걸려요?

B: (Time) 쯤 걸려요.

Interview your classmates and fill out the table.

이름	어디 살아요?	집에서 학교까지 멀어요?	학교에 어떻게 와요?	(Transportation)(으)로 얼마나 걸려요?

3-3 N(으로): by means of N (tools & instruments)

'–(으)로' is also used to express the tools or the instruments to do or to make something.

(1) 한국어로 말하세요. (Speak in Korean.)

(2) 볼펜으로 쓰세요. (Write with a pen.)

(3) 저는 숟가락으로 밥을 먹어요. (I eat rice with a spoon.)

(4) 한국어 교과서로 공부하세요. (Study with the Korean textbook.)

(5) 저는 밀가루(flour)로 빵을 만들어요. (I make bread with flour.)

말하기 연습 8 Look at the pictures and make dialogues with your partner.

A: 뭘로 사인해요*? (사인하다: to write a signature)

B: 볼펜으로 사인해요.

볼펜	한국어	연필	교과서	숟가락	자전거
뭘로 사인해요*?	어느 나라 말로 이야기해요?	뭘로 써요?	무슨 책으로 공부해요?	뭘로 먹어요?	학교에 어떻게 와요?

말하기 연습 9 Ask the following questions to your friends.

1. 고향에 어떻게 가요? (비행기, 기차, 차)

2. 무슨 음식을 좋아해요? (Food)는/은 뭐로 만들어요(to make)?

3. 밥을 어떻게 먹어요? (숟가락, 젓가락, 포크(fork), 나이프(knife))

4. 집에서 어느 나라말로 이야기해요?
   (중국어, 한국어, 영어, 일본어, 필리핀어(Filipino), 베트남어(Vietnamese language), etc.)

5. 편지를 보통 뭐로 써요? (연필, 볼펜, 컴퓨터, etc.)

6. 학교에 어떻게 와요? (버스, 차, 지하철, 걸어서)

7. 영화를 보통 뭐로 봐요? (텔레비전, 컴퓨터)

8. 식당에서 음식을 먹고 돈을 어떻게 내요? (현금(cash), 신용 카드(credit card), 핸드폰)

Extended practice

N(으로) 유명해요 (to be famous for)

한국은 K-POP으로 유명해요. (Korea is famous for K-POP.)

캐나다는 아이스하키(ice-hockey)로 유명해요. (Canada is famous for ice-hockey.)

말하기 연습 10 Ask your partner about his/her hometown or home country.

A: 고향이 어디예요?　　　　　　　B: _____예요/이에요.

A: (Hometown)은/는 뭐로 유명해요?　　B: (Hometown)은/는 _____(으)로 유명해요.

리아	어제는 어머니 생신이었어요.
샤닐	그래요? 어머니께 선물 드렸어요?
리아	네, 아주 좋아하셨어요.
샤닐	무슨 선물 드렸어요?
리아	꽃하고 편지를 드렸어요.

Leah	Yesterday was my mother's birthday.
Shanil	Oh, is that so? Did you give a present to your mother?
Leah	Yes, I did. She liked it very much.
Shanil	What present did you give to her?
Leah	I gave her flowers and a letter.

4-1 Review of the locative particle 에 & 에서

1. Locative particle describing a static location (at/in a place)

(1) 서리나는 학교에 있어요. (Cerina is at school.)

(2) 서리나: 가방이 어디 있어요? (Where is the bag?)

　　준: 교실에 있어요. (It is in the classroom.)

2. Locative particle describing the destination or the goal (to a place)

(1) 어제 토론토에 왔어요. (I came to Toronto yesterday.)

(2) 서리나: 남동생은 어느 학교에 다녀요? (Which school does your younger brother attend?)

　　준: 서울 고등학교에 다녀요. (He attends Seoul high school.)

(3) 어제 학교에 전화했어요. (I gave a call to school.)

(4) 서리나: 한국에* 자주 전화하세요? (Do you often call (a person) in Korea?)

　　준: 네, 자주 해요. (Yes, I do.)

　　*In Korean, a place can be used as an object for calling, and the person for calling is assumed by both the speaker and the listener.

3. Locative particle involving active verbs (at/in the place)

(1) 학교에서 공부해요. (I study at school.)

(2) 한국에서 자랐어요. (I grew up in Korea.)

4. Locative particle describing source (from the place)

(1) 집에서 학교까지 얼마나 걸려요? (How long does it take from home to school?)

(2) 학교에서 전화왔어요. (A phone call came from the school.)

(3) 서리나: 집에서 보통 몇 시에 나와요? (What time do you usually come away from home?)

　　벤: 보통 8시에 나와요. (I usually do at 8 o'clock.)

4-2 The particles 한테, 한테서, & 께 (to/from a person)

1. '–한테/께' (to a person)

When the destination is a person which is a recipient, '–한테' is used instead of '–에'. When an honorific person is the recipient, '–께' is used instead of '–한테'.

(1) 언니한테 이메일 보냈어요? (Did you send an email to your sister?)
(2) 부모님께 자주 전화해요? (Do you often call your parents?)
(3) 서리나한테 꽃하고 편지를 줬어요. (I gave Cerina flowers and a letter.)
(4) 지난 주말에 언니한테* 갔어요. (I went to my sister's last weekend.)

*In Korean, a person can be an object for the destination, and the place where the person is located may be assumed by both the speaker and the listener.

2. '–한테서/께' (from a person)

When the source is a person, '–한테서' is used instead of '–에서'. When an honorific person is the source, '–께' is used instead of '–한테서'.

(1) 벤한테서 꽃을 받았어요. (I received flowers from Ben.)
(2) 부모님께 꽃을 받았어요. (I received flowers from my parents.)
(3) 서리나한테서 전화 왔어요. (I got a phone call from Cerina.)
(4) 줄리아한테서 들었어요. (I heard it from Julia.)

말하기 연습 ❶ Each person gives one of his/her items to the next person, using '주었어요'. The next person receives the item from the previous person, using '받았어요', as in the example. After all the turns of the group are finished, each person returns the items to the original owner, repeating the practice with '주었어요' and '받았어요'.

(Example)
A: 저는 B한테 연필을 주었어요.
B: 저는 A한테서 연필을 받았어요. 저는 C한테 연필하고 지우개를 주었어요.
C: 저는 B한테서 연필하고 지우개를 받았어요. 저는 D한테 연필하고 지우개하고 책을 주었어요.

말하기 연습 2 Look at the picture and make dialogues with your partner.

A: 누구한테서 편지를 받았어요?

B: 친구한테서 받았어요.

1. 편지를 받다

2. 돈을 주다

3. 한국어를 배우다

4. 꽃을 선물하다

5. 이메일을 보내다

6. 전화가 오다

말하기 연습 3 Practice the following dialogue with your partner.

A: 지난 주말에 뭐 했어요?

B: 생일 파티했어요. 지난 주말이 제 생일이었어요.

A: 그래요? 생일 축하해요. 무슨 선물 받았어요?

B: (Item 1)하고 (Item 2)하고 (Item 3)을/를 받았어요.

A: 누구한테서 받았어요?

B: (Name)한테서 받았어요.

4-3 Honorific expressions

When the subject is a senior, the speaker may use the honorific forms of the particles.

Plain form	이/가	은/는	한테/한테서/에게*/에게서*
Honorific form	께서	께서는	께

*'-에게/에게서' is usually used in the written form, while '-한테/한테서' is used in the colloquial form.

(1) 나는 20살[스무 살]이에요. → 우리 할머니께서는 72[일흔 둘]이세요.

(My grandmother is 72 years old.)

(2) 서리나가 신문을 읽어요. → 할머니께서 신문을 읽으세요.
　　　　　　　　　　　(My grandmother reads a newspaper.)
(3) 서리나가 저한테 사과를 줬어요.→ 서리나가 할머니께 사과를 드렸어요.
　　　　　　　　　　　(Cerina gave her grandmother an apple.)

More honorific expressions

Nouns	생일	이름	나이	집	말
Honorific expressions	생신	성함	연세	댁	말씀
Predicates	먹다	죽다	자다	있다 (to exist)	있다 (to have)
Honorific expressions	드시다	돌아가시다	주무시다	계시다	있으시다

(4) 서리나가 아침을 먹어요. → 할머니께서 아침을 드셨어요.
　　　　　　　　　　(My grandmother had a breakfast.)
(5) 동생은 나이가 몇 살이에요? → 할머니께서는 연세가 어떻게 되세요?
　　　　　　　　　　　(How old is your grandmother?)
(6) 서리나는 한국에 있어요. → 할머니께서는 한국에 계세요.
　　　　　　　　　　(My grandmother is in Korea.)

말하기 연습 4 Ask the following questions to your partner.

1. 아버지 성함이 어떻게 되세요?
2. 아버지께서는 연세가 어떻게 되세요?
3. 어머니께서 어제 뭐 드셨어요?
4. 어머니 생신이 언제예요?
5. 부모님께서는 어디에 계세요?
6. 지난 생일에 어머니께서 뭘 주셨어요?
7. 누구한테서 한국어를 배워요?

4-4 Humble Expressions

Humble expressions are the expressions to lower the speaker or the subject, in order to express the respect to the listener.

Plain forms	나	우리	내	보다	주다
Humble forms	저	저희	제	뵈다	드리다

(1) 나는 학생이에요. → 저는 학생이에요. (I am a student.)

(2) 우리는 캐나다 사람이에요. → 저희는 캐나다 사람이에요. (We are Canadians.)

(3) 그건 내 책상이에요. → 그건 제 책상이에요. (It is my desk.)

(4) 벤이 서리나를 봤어요. → 벤이 선생님을 뵈었어요. (Ben met the teacher.)

보다: to see/ meet someone

* S〉O (honorific form)：when the status of Subject (S) is higher than that of Object.

** S〈O (humble form)：when the status of Subject (S) is lower than that of Object.

Subject (S)	Object (O)	Dic. form	Present form	Past form	Future form
S=O 이/가	을/를	보다 (see)	봐요/보아요	봤어요/보았어요	볼 거예요
		벤이 서리나를 봐요/봤어요/볼 거예요.			
*S〉O 께서	을/를	보시다	보세요	보셨어요	보실 거예요
		선생님께서 서리나를 보세요/보셨어요/보실 거예요.			
**S〈O 이/가	을/를	뵈다/뵙다	뵈어요/봬요	뵈었어요/뵀어요	뵐 거예요
		서리나가 선생님을 뵈어요/뵈었어요/뵐 거예요.			

The verb '주다' may also changes according to the relationship among the subject, the object, and the speaker.

주다: To give something to someone

* S〉O (honorific form)：when the status of Subject is higher than that of Object.

** S〈O (humble form)：when the status of Subject is lower than that of Object.

Subject (S)	Object (O)	Dic. form	Present form	Past form	Future form
S=O (이/가)	한테	주다	줘요/주어요	줬어요/주었어요	줄 거예요
		서리나가 벤한테 사탕을 줘요/줬어요/줄 거예요.			
*S〉O (께서)	한테	주시다	주세요	주셨어요	주실 거예요
		선생님께서 벤한테 사탕을 주세요/주셨어요/주실 거예요.			
**S〈O (이/가)	께	드리다	드려요	드렸어요	드릴 거예요
		벤이 선생님께 사탕을 드려요/드렸어요/드릴 거예요.			

1. When the subject and the object are in the similar age or social status, '주다' is used for the predicate.

(5) 벤이 서리나한테 사탕을 주었어요. (Ben gave a candy to Cerina.)

2. When the subject is in a higher age or social status than the object, '주시다' (honorific form) is used for the predicate.

(6) 할아버지께서 서리나한테 사탕을 주셨어요. (Grandfather gave a candy to Cerina.)

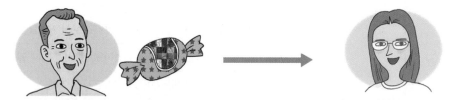

3. When the subject is in a lower age or social status than the object, '드리다' (humble form) is used for the predicate.

(7) 서리나가 할아버지께 사탕을 드렸어요. (Cerina gave a candy to her grandfather.)

말하기 연습 5 Group work. Each person has a picture of a person. Each person explains the actions when he/she passes a candy to another person.

(Example) 서리나가 할아버지께 사탕을 드렸어요.

1. 할아버지　　2. 할머니　　3. 어머니　　4. 아버지　　5. 선생님

6. 언니   7. 오빠   8. 동생   9. 서리나

말하기 연습 6 Ask the following questions to your partner.

1. (Name)는 어머니날(Mother's day)에 어머니께 뭘 드렸어요?
2. (Name) 생일에 어머니께서 뭘 주셨어요?
3. 아버지께서 할아버지/할머니 생신에 뭘 드렸어요?
4. 아버지께서는 선생님께 무슨 선물을 드렸어요?
5. (Name)는 올해 아버지 생신에 아버지께 뭘 드리고 싶어요?

샤닐	어디 가요?
리아	백화점에 가요. 내일이 어머니 생신이에요. 어머니께 생신 선물을 드리고 싶어요.
샤닐	어머니께서는 에드먼턴에 계시지요?
리아	아니요, 캘거리*에 계세요.
샤닐	그럼, 리아 고향이 캘거리*예요?
리아	네, 저는 캘거리*에서 태어나서 자랐어요.
샤닐	무슨 선물 살 거예요?
리아	장갑을 살 거예요.
샤닐	백화점이 멀어요?
리아	아니요. 지하철로 20분쯤 걸려요.
샤닐	그럼, 백화점에 같이 가요. 나는 지갑을 사고 싶어요.
리아	좋아요. 같이 가요.

 읽기 (Reading) ❷   어머니 생신이에요.

리아는 대학교에서 간호학을 전공해요. 리아의 부모님은 한국 사람이시지만, 리아는 캐나다에서 태어나서 자랐어요. 리아의 부모님은 캘거리*에 계세요. 내일이 리아 어머니의 생신이에요. 올해 리아 어머니 연세가 50이세요. 리아는 어머니께 생신 선물을 드리고 싶었어요. 그래서 오늘 리아는 샤닐하고 같이 백화점에 갔어요. 기숙사에서 백화점까지 지하철로 20분쯤 걸렸어요. 리아는 백화점에서 장갑을 샀어요. 리아는 어머니께 편지도 드릴 거예요. 어머니께서 많이 기뻐하실 거예요.

---

*캘거리: Calgary

Read the narration and respond to the following questions.

(1) 리아의 부모님은 어느 나라 사람이세요?

(2) 리아는 어디서 태어났어요?

(3) 내일이 무슨 날이에요?

(4) 리아는 왜 백화점에 가요?

(5) 기숙사에서 백화점까지 얼마나 걸려요?

(6) 리아는 어머니께 뭘 드릴 거예요?

연습 2 Write about your parents.

(1) When and where were your parents born?

(2) Where did your parents grow up?

(3) Where do your parents live now? When did they come to the place where they live now?

(4) When is your mother's or father's birthday?

(5) What did you do for your mother or father on their birthdays last year?

(6) What kind of birthday presents do you want to give your parents this year? How do you think your parents will react when they get your presents?

Shanil	Where are you going?
Leah	I go to the department store. Tomorrow is my mother's birthday. I'd like to give her a birthday present.
Shanil	Your mother is in Edmonton, isn't she?
Leah	No, she is in Calgary.
Shanil	Then, is Calgary your hometown?
Leah	Yes, I was born and grew up in Calgary.
Shanil	What kind of present are you going to buy?
Leah	I'm going to buy gloves.
Shanil	Is the department store far from here?
Leah	No, it takes about 20 minutes by subway.
Shanil	Then, let's go there together. I want to buy a wallet.
Leah	Okay. Let's go together.

Reading **2**   Tomorrow is Leah's mother's birthday.

Leah is majoring in nursing at the university. Leah's parents are Korean, but Leah was born and grew up in Canada. Leah's parents are in Calgary. Tomorrow is the birthday of Leah's mother. She is 50 years old. Leah wanted to give her a present. So today Leah went to the department store with Shanil. It took about 20 minutes to get to the department store by subway. Leah bought gloves. Leah is going to give a letter to her mother as well. Her mother will be very pleased.

4

제 고향은 서울이에요.

(My hometown is Seoul.)

Lesson 4

제 고향은 서울이에요.
(My hometown is Seoul.)

말하기 1 자주 가족 사진을 봐요. (I often look at my family picture.)

말하기 2 서울은 어때요? (How is Seoul?)

말하기 3 이 사진은 남산타워예요. (This picture is the Namsan Tower.)

말하기 4 말씀 좀 묻겠습니다. (May I ask you a question?)

Upon completion of this lesson, you will be able to:
1. Explain the frequency of an action.
2. Describe the status of an object, using a noun-modifying form.
3. Use the appropriate place words.
4. Ask or explain how to get to a place.

Grammatical items

▸ Expressions of frequency
▸ −은요/는요? (How about ∼?)
▸ −은/ㄴ + N (Modifying form of adjectives)
▸ −는 + N (Modifying form of verbs)
▸ ㄹ irregular predicates
▸ 여기/거기/저기
▸ Expressions for locating a place

The public transportation system is very convenient in Korea. However, locating a place in Seoul is not an easy job, since Seoul is a huge city which has lots of streets which are randomly assigned with address numbers. When you want to tell somebody an address in Korea, it is important to tell with the city (e.g. Seoul) first, then the district (e.g. 동대문구), the major road, the minor road, and the building in this order. For example, Seoul (city), Jongro-Gu (district), Jongro 1-ga (major road), Jongro 1 (minor road), Kyobo building (building).

One of the most useful ways to locate a place in Seoul is to use the names of the landmarks such as subway stations or schools, rather than the actual addresses. Since almost all the areas in Seoul have schools and subway stations, these landmarks are very effective methods for a taxi driver to recognize the place which passengers want to go.

The word for 'station' in Korean is '역', and '신촌역', '잠실역', '동대문역', '강남역', and '명동역' are the examples of subway station names. The names of universities are also commonly used as a landmark. For example, '홍대', '이대', '서울대', '연세대' and '고려대' are the examples of those landmarks. Elementary school, middle school, and high schools can also be used as a landmark. For a reference, when you take a subway, you can hear the recording announcements. "이번 역은 신촌역입니다. 내리실 문은 왼쪽/오른쪽입니다". (This station is 신촌. It is the left/right door to get off.)

Nouns

건너편	across
곳/데	place
교수님	professor
교통	traffic, transportation
교회	church
근처	nearby
길	way, road
날	day
도시	city
동네	village, neighborhood
번	counter for a serial number
사거리	four-way intersection
사진	picture, photo
상가	shopping mall
신호등	traffic light
아파트	apartment
약국 [약꾹]	pharmacy
오른쪽	right
왼쪽	left
전망	scenery, view
지하철역	subway station
초등학교 [초등학꾜]	elementary school
초등학생 [초등학쌩]	elementary student
호선	counter for subway lines

Verbs

건너다	to cross
구경(하다)	to go sightseeing
내리다	to get off
놀다	to play, to hang out
돌다	to turn

묻다	to ask
방문(하다)	to visit
보이다	to be seen
뵙다	(hum.) to see
열다	to open
지나다	to pass
찍다	to take (a picture)

Adjectives

길다	to be long
복잡하다 [복짜파다]	to be crowded
짧다	to be short
편리하다 [펼리하다]	to be convenient

Other expressions

가끔	sometimes
거의	rarely
씨	Mr. Ms.
어떤	what kind of, which
여기/거기/저기	here/there/over there
여러 군데	several places
전혀	never
쭉	straight
처음	first time

When you meet a person for the first time, you can say '처음 뵙겠습니다'.

Its literal meaning is 'I see you for the first time'. But it means 'How do you do?' or 'It is nice to meet you' in English.

케빈	처음 뵙겠습니다. 저는 케빈이에요.
	(How do you do? I am Kevin.)
준	네, 반갑습니다. 저는 준이에요. 어디서 오셨어요?
	(Glad to meet you. I am Jun. Where are you from?)
케빈	저는 프랑스*에서 왔어요.

The expressions	The responses
처음 뵙겠습니다. (Nice to meet you.)	네, 반갑습니다.
어디서 오셨어요? (Where are you from?)	(Name of the city)에서 왔어요.
어디 사세요? (Where do you live?)	(Place you live)에 살아요.

*프랑스: France

연습

Practice the dialogue with your partner using the expressions introduced.

A: 처음 뵙겠습니다. 저는 (Name)이에요/예요.

B: 네, 반갑습니다. 저는 (Name)이에요/예요.

A: 어디서 오셨어요?

B: (Place)에서 왔어요.

A: 지금은 어디 사세요?

B: (Place)에 살아요.

Lesson 1

Lesson 2

Lesson 3

Lesson 4

Lesson 5

준	제니는 자주 부모님 집을 방문해요?
제니	네, 저는 매주 일요일에 부모님 집에 가요. 준은요?
준	제 부모님은 한국에 계세요. 그래서 저는 요즘 부모님을 전혀 못 봐요.
제니	준은 부모님이 많이 그립지요?
준	네, 그래서 자주 가족 사진을 봐요.

Jun	Do you often visit your parents' house?
Jenny	Yes, I go to my parents' house every Sunday. How about you?
Jun	My parents are in Korea. And I rarely see my parents these days.
Jenny	You miss your parents a lot, don't you?
Jun	Yes. So I often look at my family picture.

1-1 Expressions of frequency

The following expressions are used to <u>express the degrees of frequency</u> of an action.

매일	매일 아침	매일 저녁	매주*	매달*
everyday	every morning	every evening	every week	every month
가끔	보통**	자주**	거의 안/못***	전혀 안/못***
sometimes	usually	often	Rarely	Never

(1) 서리나: 준은 김치 <u>자주</u> 먹어요? (Do you often eat Kimchi?)

준: 네, 저는 김치 <u>매일</u> 먹어요. (I eat Kimchi every day.)

*'매주' and '매달' are mostly replaced with '자주', and '가끔', unless the speaker does not emphasize the regular frequency of an activity. For example, it sounds unnatural when you say '저는 매주 김치 먹어요', or '저는 매달 운동해요'. The better expressions in these cases are '저는 자주 김치 먹어요', and '저는 가끔 운동해요'.

(2) 저는 자주 커피숍에 가요. (I often go to a coffee shop.)

(3) 서리나: 준은 휴일에 뭐 해요? (What do you do on a holiday?)

준: 저는 휴일에 <u>보통</u> 수영장에 가요. (I usually go to a swimming pool on a holiday.)

(4) 서리나: 자주 방을 청소해요? (Do you often clean the room?)

준: 아니요, <u>가끔</u> 청소해요. (No, I sometimes clean the room.)

**When '얼마나 자주' is used to ask the frequency of an activity, '보통' and '자주' cannot be used to indicate the frequency of an activity, because the speaker is asking for more concrete information about the frequency of an activity. '보통' and '자주' do not provide a specific information about the frequency of an activity.

(5) 서리나: 얼마나 자주 운동해요? (How often do you exercise?)

리아: 저는 매일 운동해요. (I exercise everyday.)

cf. 저는 보통 운동해요. (unnatural response)

저는 자주 운동해요. (unnatural response)

***'거의' and '전혀' should be used with the negative adverb '안', or '못'. '거의 ~안/못 해요' is used when you rarely do the action. '전혀 ~안/못 해요' is used when you never do the action.

(6) 서리나: 얼마나 자주 라디오를 들어요? (How often do you listen to a radio?)
리아: 저는 라디오를 거의 안 들어요. (I rarely listen to a radio.)
벤: 저는 라디오를 전혀 안 들어요. (I never listen to a radio.)

말하기 연습 1 Look at the pictures and make dialogues with your partner.

A: 자주 피아노 쳐요? (피아노 치다)
B: 아니요, 가끔 쳐요.

1. 피아노 치다
sometimes

2. 노래하다
every day

3. 요리하다
every morning

4. 전화하다
every day

5. 운전하다
often

6. 영화 보다
every night

7. 웃다
rarely

8. 청소하다
never

말하기 연습 2 Ask the following questions to your partner.

1. A: 자주 김치 먹어요?
   B: 아니요, 가끔 먹어요.
2. 자주 신문을 읽어요?
3. 자주 운동해요?
4. 자주 요리해요?
5. 자주 은행에 가요?
6. 자주 쇼핑해요?

7. 자주 영화관에 가요?

8. 자주 여행해요?

9. 자주 텔레비전을 봐요?

10. 자주 청소해요?

말하기 연습 3 Make dialogues about the frequency of your and your partner's actions.

A: 얼마나 자주 일찍 일어나요?

B: 저는 매일 일찍 일어나요.

Points	나				친구			
	매일	가끔	거의 안	전혀 안	매일	가끔	거의 안	전혀 안
일찍 일어나다								
아침을 먹다								
산책을 하다								
뉴스를 보다								
점심을 먹다								
집에서 밥을 먹다								
요리를 하다								
음악을 듣다								
목욕하다								
운동을 하다								
쇼핑을 하다								
영화를 보다								
소설책을 읽다								
친구를 만나다								
데이트를 하다								
숙제를 하다								
일찍 자다								

'–은요/는요' is used to ask about a different topic from the one under discussion previously. When the previous noun ends in a consonant, '–은요' is attached to the noun. When the previous noun ends in a vowel, '–는요' is attached to it.

(1) 벤: 서리나, 오늘 뭐 할 거예요? (Cerina, what are you going to do today?)

　　서리나: 저는 수영장에 갈 거예요. 벤은요? (I'm going to go to a swimming pool. How about you?)

　　벤: 저는 과일을 사러 마트에 갈 거예요. (I'm going to go to a mart to buy fruits.)

말하기 연습 4 Practice the following dialogue with several classmates, using the expressions in the box below.

설거지하다	친구를 만나다	테니스를 치다	은행에 가다	일하러 가다
컴퓨터 게임을 하다	잡지를 읽다	청소하다	수영장에 가다	쇼핑하다
공원에서 산책하다	요리하다	커피숍에서 커피를 마시다		음악을 듣다

A: 오늘 뭐 해요?

B: 저는 설거지해요. (Name)은요/는요?

A: 저는 친구를 만나요.

나:	친구 이름:	친구 이름:	친구 이름:	친구 이름:

말하기 연습 5 Practice the following dialogue with your partner, changing the underlined parts according to your situation.

A: 오늘 수업 있어요?

B: 네, 동아시아학 수업이 있어요. (Name)은요?

A: 저도 오늘 동아시아학 수업이 있어요 / 저는 오늘 경제학 수업이 있어요.

말하기 연습 6 Practice the following dialogue with your partner, according to your situation.

A: 오늘 시간 있어요?

B: 아니요, 없어요. 오늘은 수업이 많아요.

A: 그럼, 내일은요? (How about tomorrow?)

B: 내일은 괜찮아요. / 미안해요. 내일도 시간이 없어요.

A: (Name)은/는 한국 사람이에요?

B: 아니요. 저는 캐나다 사람이에요. (Name)은/는요?

A: 저도 캐나다 사람이에요. / 저는 한국 사람이에요.

1. (Name)은/는 한국 사람이에요?
2. (Name)은/는 학생이에요?
3. (Name)은/는 이학년이에요?
4. (Name)은/는 오늘 수업이 많아요?
5. (Name)은/는 오늘 어디에 가요?
6. (Name)은/는 내일 뭐 해요?
7. (Name)은/는 오늘 누구 만나요?
8. (Name) 방은 깨끗해요?
9. (Name)은/는 강아지 있어요?
10. (Name)은/는 야채 싫어해요?
11. (Name)은/는 노래 잘 해요?
12. (Name)은/는 어제 운동했어요?

Lesson 1

Lesson 2

Lesson 3

Lesson 4

Lesson 5

벤	서울은 어때요?
준	아주 큰 도시예요. 사람도 많고 복잡하지만 교통은 편리해요.
벤	서울에서 유명한 곳이 어디예요?
준	여러 군데 있어요. 서울은 아주 재미있는 도시예요.

Ben	What is Seoul like?
Jun	It is a very big city. It has lots of people and is crowded, but the transportation is convenient.
Ben	Where are the famous places in Seoul?
Jun	There are several places. Seoul is a very interesting city.

2-1 The noun-modifying form of adjectives −은/ㄴ + N

'−은/ㄴ' is used before a noun to function as the noun modifiers. '−은/ㄴ' is attached to the stem of an adjective. When the stem ends in a consonant, '−은' is added to the stem of the adjective. When the stem ends in a vowel, '−ㄴ' is added to the stem. The stems of copular verbs ('이다' and '아니다') are followed by '−ㄴ'. However, when the adjective includes '있다/없다', '−는' should be added to the stem.

Dictionary form	Adjective stem (ending in a consonant) + 은	Dictionary form	Adjective stem (ending in a vowel) + ㄴ
좋다	좋은 차	예쁘다	예쁜 꽃
작다	작은 가방	크다	큰 집
짧다	짧은 편지	유명하다	유명한 도시
	있다/없다 adjective + 는		Copular verb + ㄴ
재미있다	재미있는 책	이다	서울이 고향인 사람
맛있다	맛있는 음식	아니다	학생이 아닌 사람
	ㅂ irregular adjective		ㅂ regular adjective
춥다	추운 날씨: ㅂ → 우 춥다 → 춥은 → 추우 + ㄴ → 추운	좁다	좁은 길

말하기 연습 I Introduce yourself to your classmates as in the example.

예쁘다 (pretty)	잘 생기다 (handsome)	귀엽다 (cute)
착하다 (nice)	친절하다 (kind)	성실하다 (diligent)
명랑하다 (cheerful)	똑똑하다 (smart)	재미있다 (witty)

(Example) 처음 뵙겠습니다. 저는 서리나예요. 저는 토론토에서 왔어요. 저는 <u>명랑한</u> 학생이에요. 저는 <u>성실한</u> 친구를 좋아해요.

Answer the following questions to yourself using the noun-modifying form. And then interview your partner.

Questions	Choice	나	친구
1. 어떤 사람이 좋아요?	(1) 친절하다 (2) 재미있다 (3) 성실하다(diligent) (4) 귀엽다		
2. 어떤 곳이 좋아요?	(1) 조용하다 (2) 유명하다 (3) 사람이 많다 (4) 전망이 좋다		
3. 뭐가 있는 곳이 좋아요?	(1) 산(mountain)이 있다 (2) 바다(sea)가 있다 (3) 백화점이 있다 (4) 음식이 있다		
4. 어떤 선물이 좋아요?	(1) 비싸다 (2) 싸다 (3) 예쁘다/귀엽다 (4) 크다		
5. 어떤 날씨가 좋아요?	(1) 덥다 (2) 춥다 (3) 흐리다 (4) 시원하다(cool)		
6. 어떤 음식이 좋아요?	(1) 맵다(spicy) (2) 단(sweet) 음식 (3) 비싸다 (4) 건강에 좋다		

말하기 ❸   이 사진은 남산 타워예요.

준   이 사진은 남산 타워*예요. 이 곳은 많은 사람들이 방문하는 곳이에요.

벤   남산타워에서 사람들이 뭘 해요?

준   서울의 전망을 구경해요. 그리고 사진도 많이 찍어요.

벤   준 부모님은 남산타워에서 가까운 곳에 사세요?

준   아니요. 부모님 집은 좀 멀어요. 집에서 버스로 1시간쯤 걸려요.

Jun   This picture is the Namsan Tower. It is the place where many people visit.

Ben   What do people do at the Namsan Tower?

Jun   People watch Seoul's view. And they also take a lot of pictures.

Ben   Do your parents live close to the Namsan Tower?

Jun   No, it is a little bit far. It takes about 1 hour by bus.

*남산 타워: Namsan Tower

문법 (Grammar) ❸

3-1 'ㄹ' irregular predicates

When the predicate stem ends in 'ㄹ', 'ㄹ' is omitted before 'ㄴ', 'ㅂ', and 'ㅅ'. 'ㄹ' is also omitted before '–을/ㄹ 거예요' of the future form.

Dictionary form	Present form –아요/어요	Past form –았어요/었어요	Future form –을/ㄹ 거예요	Honorific form –(으)세요
알다	알아요	알았어요	알 거예요 (ㄹ omitted)	아세요 (ㄹ omitted)
살다	살아요	살았어요	살 거예요	사세요
열다	열어요	열었어요	열 거예요	여세요

(1) 서리나: 케빈 씨, 리아를 아세요? (Do you know Leah?)
　　케빈: 네, 알아요. (Yes, I know her.)
(2) 서리나: 케빈 씨, 어디 사세요? (Where do you live?)
　　케빈: 저는 캘거리에 살아요. (I live in Calgary.)
(3) 서리나: 선생님, 집이 여기서 머세요? (Is your house far from here?)
　　선생님: 네, 좀 멀어요. (Yes, it is a little far.)

말하기 연습 Ⅰ Ask the following questions to your partner, using honorific form.

1. 한국어를 좀 알아요?
2. 어디 살아요?
3. 집이 멀어요?
4. 주말에 보통 어디서 놀아요?
5. 언제 창문을 열어요?

3-2 The noun-modifying form of verbs –는 + N

'–는' is also used before a noun to function as the noun modifiers, but '는' is attached to the stems of verbs. While the noun modifying phrase follows the noun in English, the noun modifying phrase is followed by the noun in Korean. For 'ㄹ' irregular predicates, 'ㄹ' disappears before '는' or '은/ㄴ (the modifying ending)'.

English: It is the <u>school</u> which <u>Kevin attends</u>.

Korean: (그 학교는) <u>케빈이 다니는</u> <u>학교예요</u>.

Adjectives	Copular verbs	Verbs	'있다'/'없다' Adj.
Stem + 은/ㄴ	Stem + ㄴ	Stem + 는	Stem + 는
좋은	학생인	자는	재미있는
나쁜	학생이 아닌	공부하는	재미없는

(1) 여기는 제가* 다니는 학교예요. (This is the school <u>which I attend</u>.)

(2) 이 집은 제가* 사는 곳이에요. (This house is the place <u>which I live in</u>.)

*The subject of the sub-sentence should have the subject particle '이' or '가'.

(3) 저는 경제학을 공부하는 학생이에요. (I am a student <u>who studies Economics</u>.)

(4) 저는 한국어를 가르치는 선생님이에요. (I am a teacher <u>who teaches Korean</u>.)

(5) <u>문을 여는</u> 사람은 제 언니예요. (The person <u>who opens the door</u> is my sister.)

말하기 연습 2 Look at the pictures and make dialogues with your partner as in the example.

A: <u>한국어를 가르치는</u> 사람이 누구예요?

B: <u>한국어를 가르치는</u> 사람은 제 오빠예요.

1. 한국어를 가르치다　　2. 차를 마시다　　3. 밥을 먹다　　4. 버스를 타다

5. 책을 읽다　　6. 요리하다　　7. 텔레비전을 보다　　8. 운동하다

Lesson 1 | Lesson 2 | Lesson 3 | Lesson 4 | Lesson 5

| 9. 설거지하다 | 10. 이야기하다 | 11. 청소하다 | 12. 쇼핑하다 |

| 13. 담배를 피우다 (to smoke) | 14. 노래하다 | 15. 테니스를 치다 | 16. 음악을 듣다 |

| 17. 버스에서 내리다 | 18. 사진을 찍다 | 19. 문을 열다 | 20. 길을 건너다 |

말하기 연습 3 **Make dialogues with your partner as in the example.**

1. A: 한국어 선생님은 뭐 하는 사람이에요?
   B: 한국어 선생님은 한국어를 가르치는 사람이에요.
2. 가수는 뭐 하는 사람이에요?
3. 학생은 뭐 하는 사람이에요?
4. 댄서(dancer)는 뭐 하는 사람이에요?
5. 테니스 선수(tennis player)는 뭐 하는 사람이에요?
6. 수영 선수(swimming player)는 뭐 하는 사람이에요?
7. 요리사(the cook)는 뭐 하는 사람이에요?
8. 도서관은 뭐 하는 데예요?
9. 식당은 뭐 하는 데예요?
10. 서점은 뭐 하는 데예요?
11. 커피숍은 뭐 하는 데예요?
12. 체육관은 뭐 하는 데예요?
13. 발렌타인 데이(Valentine's Day)는 뭐 하는 날이에요?

1. 여행하고 싶은 나라가 어디예요?
2. 좋아하는 친구가 누구예요?
3. 요즘 재미있는 영화가 뭐예요?
4. 주말에 자주 놀러 가는 곳이 어디예요?
5. 이번 학기에 듣는 과목이 뭐예요?
6. 좋아하는 운동이 뭐예요?
7. 살고 싶은 나라가 어디예요?
8. 어떤 남자 친구/여자 친구를 만나고 싶어요?

Lesson 1

Lesson 2

Lesson 3

Lesson 4

Lesson 5

말하기 ④ 말씀 좀 묻겠습니다.

여자	저, 말씀 좀 묻겠습니다. 이 근처에 도서관이 어디 있어요?
벤	지하철을 타고 처칠역에서 내리세요. 도서관은 처칠역 건너편에 있어요.
여자	지하철역은 어디 있어요?
벤	저기 신호등이 보이지요? 거기서 왼쪽으로 도세요. 그럼, 지하철 역이 보일 거예요.
여자	고맙습니다.

Woman	May I ask you a question? Where is the library nearby?
Ben	Take the subway and get off at the Churchill Station. The library is across the Churchill station.
Woman	Where is the subway station?
Ben	Do you see the traffic light over there? Turn left there. And you will see the subway station.
Woman	Thank you.

4-1 **여기 / 거기 / 저기**

'여기', '거기', and '저기' can be used to <u>indicate places</u>, and they mean 'here', 'there', 'over there' in English. '여기' indicates the place close to the speaker, '저기' indicates the place close to the listener, and '저기' indicates the place which is away from both of the speaker and the listener.

1. 여기 / 거기 / 저기 + (에) – static locations

When '여기', '거기', or '저기' comes with the locative particle '에', it usually has the meaning of a static location. In this case, '에' is often omitted after '여기'/'거기'/'저기'.

햄버거가 어디 있어요?	안경이 어디 있어요?	컴퓨터가 어디 있어요?
여기 있어요.	거기 있어요	저기 있어요.

(1) 여기(에) 앉으세요*. (Sit here.)

  * The verb '앉다' follows '여기/거기/저기에' because of its static nature after the action is over.

말하기 연습 Ⅰ Ask and answer the following questions to your partner, using '여기/거기/저기'.

1. (Item) 이/가 어디 있어요?
2. (Name) 이/가 어디 있어요?
3. 선생님이 어디 계세요?
4. 거기 뭐가 있어요?
5. 저기 누가 있어요?
6. 거기 뭐가 보여요?

2. 여기서 / 거기서 / 저기서 + active verbs

'여기서', '거기서', and '저기서' come with verbs which involve actions.

(1) 여기서 기다리세요. (Wait here.)
(2) 거기서 만나요. (Let's meet there.)
(3) 저기서 길을 건너세요. (Cross the road over there.)
(4) 여기서 내리세요. (Get off (the bus) here.)

3. 여기서 / 거기서 / 저기서 + 가요 / 와요 – Sources

When '여기서', '거기서', or '저기서' comes with '가다' or '오다', '여기서'/'거기서'/'저기서' has the meaning of a source, 'from (the place)'.

(1) 벤: 여기서 학교까지 어떻게 가요? (How do you go to school from here?)
    서리나: 여기서 학교까지 버스로 가요. (I go to school by bus from here.)

4. 여기로 / 거기로 / 저기로 + 가요 / 와요 – Directions

When '여기로', '거기로', or '저기로' comes with '가다' or '오다', it indicates the direction.

(1) 여기로 오세요. (Come here.)
(2) 거기로 가세요. (Go there.)

5. 여기 / 거기 / 저기 as pronouns

When '여기', '거기', or '저기' is used as a pronoun, it comes with a subject particle (이/가), a topic particle (은/는), or an object particle (을/를). The particle can be omitted in the conversation.

(1) 서리나: 여보세요*. 거기가 피자 가게지요? (Hello, is it a pizza store?
    *여보세요: Hello!
    케빈: 아니요. 여기는 대학교 기숙사예요.
        (No, it's the university dormitory.)
(2) 여기(를) 보세요. (Look here.)
(3) 케빈: 여기가 어디예요? (Where am I?)
    벤: 지하철역이에요. (You are in the subway station.)

Ask and answer the following questions to your partner, using '여기/거기/저기'.

1. A: 어디 가세요?
   B: 저기에 가요.
2. 연필이 어디 있어요?
3. 어디서 만나요?
4. 어디서 내려요?
5. 어디로 가요?
6. 어디서 나왔어요?
7. 어디를 보세요?
8. 어디서 길을 건너세요?
9. 선생님이 어디 계세요?
10. 저기 뭐가 보여요?
11. 저기 뭐가 있어요?
12. 여기서 학교까지 어떻게 가요?
13. 여기가 어디예요?
14. 거기서 몇 시에 나왔어요?

4-2 The expressions to ask for directions

(1) 말씀 좀 묻겠습니다. (May I ask you a question?)

(2) 오른쪽으로* 도세요. (Turn to the right.)　　(3) 왼쪽으로 도세요. (Turn to the left.)
　　*쪽으로 means 'to the direction of'.

(4) 이 길로 쭉 가세요.
(Go straight on this road.)

(5) 사거리에서 오른쪽으로 도세요.
(Turn to the right at the four way.)

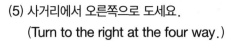
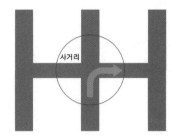

(6) 신호등에서 왼쪽으로 도세요.
(Turn to the left at the traffic light.)

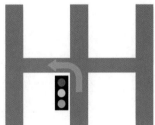

(7) 도서관은 약국 건너편에 있어요.
(The library is located across the pharmacy.)

말하기 연습 3 Say the proper expression to describe the directions in the pictures.

1. A: 서점에 어떻게 가요?
   B: 이 길로 쭉 가세요.

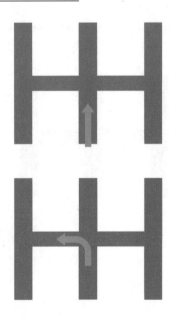

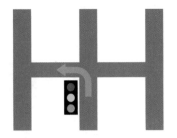 

말하기 연습 4 Look at the picture and practice the following dialogue with your partner.

A: 저, 말씀 좀 묻겠습니다. 도서관이 어디 있어요?

B: 저기 사거리가 보이지요*?

A: 네. 사거리가 보여요*.

B: 거기서 오른쪽으로 도세요. 그리고 쭉 가세요. 그럼, 백화점이 보일 거예요. 도서관은 백화점 옆에 있어요.

A: 고맙습니다.

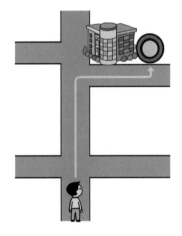

말하기 연습 5 Look at the picture and practice the following dialogue with your partner.

A: 저기요. 말씀 좀 묻겠습니다. 이 근처에 도서관이 어디 있어요?

B: 이 길로 쭉 가세요. 그리고 사거리에서 왼쪽으로 도세요. 그리고 쭉 가세요. 그럼 약국이 보일 거예요. 도서관은 약국 건너편에 있어요.

A: 고맙습니다.

말하기 연습 6 **Look at the picture and make dialogues with your partner to find the subway station.**

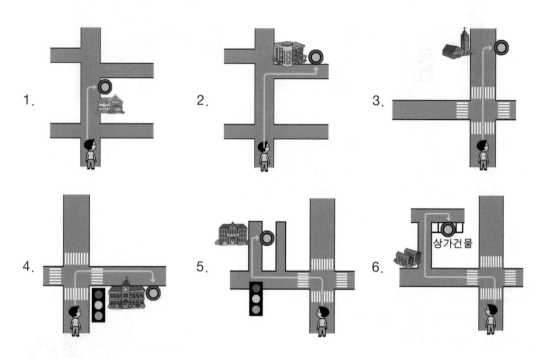

Giving directions when using transportation

(8) 서리나: 여기서 다운타운 도서관까지 어떻게 가요?

(How do I go to the downtown library from here?)

벤: 4번* 버스를 타세요. 그리고 시티센터(city centre) 앞에서 내리세요.

(Take the bus of No. 4, and get off in front of the city centre.)

벤: 지하철 1호선*을 타고 처칠역(Churchill station)에서 내리세요.

(Take the subway of Line 1 and get off at the Churchill station.)

벤: 4번* 버스를 타고 처칠역 지나서 내리세요.

(Take the bus of No. 4, and get off the bus after passing by the Churchill station.)

* 번 is a counter for serial numbers, and it is used for bus numbers.

* 호선 is a counter for serial numbers of subway lines.

말하기 연습 7 **Ask the following questions to your partner.**

1. 여기서 다운타운까지 어떻게 가요?
2. 여기서 마트까지 어떻게 가요?
3. 여기서 백화점까지 어떻게 가요?

Further exercises

(9) 서리나: 여기서 다운타운 도서관까지 어떻게 가요?

(How do I go to the downtown library?)

벤: 지하철을 타세요. 그리고 처칠역에서 내리세요. 도서관은 처칠역 건너편에 있어요.

(Take the subway, and get off at the Churchill station. The library is across the Churchill station.)

(10) 서리나: 샤닐 집은 어떻게 가요? (How do I go to your house?)

샤닐: 여기서 8번 버스를 타세요. 그리고 '앨버타' 병원 지나서 내리세요. 우리 집은 병원 근처에 있어요. (Take the bus of No. 8 from here. And get off (the bus) after passing by the Alberta hospital. Our house is near the hospital.)

말하기 연습 **8** Practice the following dialogue with your partner.

A: 오늘 날씨가 참 좋지요?

B: 네, 참 좋아요.

A: 이번 주말에 저하고 같이 (Destination)에 가요.

B: 네, 좋아요. 어디서 만나요?

A: 학교 식당 앞에서 (Time) 시에 만나요.

B: (Destination)에는 어떻게 가요?

A: (Bus number) 번 버스를 타고 (Place) 앞에서 내려요. (Destination)은 (Place) 건너편에 있어요.

B: 아, 네. 그럼 (Time) 시에 봐요.

말하기 연습 **9** Ask the following questions to your classmates.

A: (Name) 집에 어떻게 가요?

B: 4번 버스를 타세요.

A: 어디서 내려요?

B: 시티센터(City Centre)에서 내리세요.

A: 집이 어디 있어요?

B: 제 집은 시티센터 건너편에 있어요.

이름	어떻게 가요?	어디서 내려요?	집이 어디 있어요?
(Example)	4번 버스를 타세요.	시티센터에서 내리세요.	제 집은 시티센터 건너편/근처/옆/앞/뒤에 있어요.

서리나	준은 고향이 어디예요?
준	서울이에요.
서리나	부모님은 지금 서울에 계세요?
준	네, 그래서 요즘 부모님을 자주 못 봬요.
서리나	가족이 그립지요?
준	네, 그래서 자주 가족 사진을 봐요.
서리나	서울은 어떤 도시예요?
준	서울은 사람도 많고 차도 많아요. 그리고 많은 사람들이 아파트에 살아요.
서리나	준 가족도 아파트에 살아요?
준	네, 제 가족도 아파트에 살아요. 서울의 아파트는 아주 편리해요. 아파트 근처에는 서점도 있고, 가게도 있고 약국도 있어요.
서리나	교통은 어때요?
준	좀 복잡해요. 그렇지만 지하철 역이 아주 많아요. 그래서 편리해요.
서리나	동네에 상가도 있어요?
준	네, 저희 집 근처에는 상가가 여러 군네 있어요. 서울은 아주 편리한 도시예요.

제 고향은 서울이에요. 서울은 아주 크고 생활이 편리한 도시예요. 서울에는 유명한 상가들이 여러 군데 있어요. 제 가족은 아파트에 살아요. 아파트 건너편에는 초등학교가 있어요. 그리고 초등학교 옆에는 큰 상가가 있어요. 상가 안에는 서점도 있고, 가게도 있고, 약국도 있고, 교회도 있어요. 초등학교 앞 사거리에는 신호등이 있어요. 초등학생들은 신호등을 보고 길을 건너요. 저희 집에서 가까운 지하철역은 동대문역이에요. 저는 한국에서 지하철을 타고 학교에 다녔어요. 지하철이 아주 편리했어요. 저는 요즘 고향에 자주 못 갔어요. 저는 고향이 참 그리워요. 그래서 자주 가족 사진을 봐요.

연습 1 Read the narration and respond to the following questions.

(1) 준 가족은 어디에 살아요?

(2) 초등학교 옆에 뭐가 있어요?

(3) 신호등이 어디에 있어요?

(4) 준 집에서 가까운 지하철 역의 이름이 뭐예요?

(5) 준은 고향이 그리워요. 그래서 뭘 해요?

연습 2 Write about your neighbourhood and your hometown.

(1) Where do you live?

(2) What kind of buildings are there in your neighbourhood?

(3) Describe how you can get to your place from the university.

(4) Where is your hometown? Describe your hometown.

제4과 | 제 고향은 서울이에요.

Cerina	Jun, where is your hometown?
Jun	It is Seoul.
Cerina	Are your parents in Seoul?
Jun	Yes. So I couldn't often meet my parents.
Cerina	You miss your family, do you?
Jun	Yes, So I often look at my family picture.
Cerina	What kind of city is Seoul like?
Jun	Seoul has lots of people and cars. And many people live in apartments.
Cerina	Your family lives in an apartment?
Jun	Yes, my family does. The apartment in Seoul is very convenient. There are bookstores, a (grocery) shops, and pharmacies near the apartment.
Cerina	How is the traffic?
Jun	It is a little bit crowded. But Seoul has lots of subway stations. So it is convenient.
Cerina	Does the town have a shopping mall as well?
Jun	Yes, it has several shopping malls near our place. Seoul is a very convenient city.

My hometown is Seoul. Seoul is a very big and convenient city. Seoul has several shopping malls which are famous. My family lives in an apartment. There is an elementary school across the apartment. And there is a big shopping mall beside the elementary school. In the shopping mall, you can find a bookstore, a shop, a pharmacy, and a church. There is a traffic light at the intersection in front of the elementary school. The elementary school students look at the traffic light and cross the road. The subway station which is close to my apartment is Dongdaemun Station. I took subway to go to school. The subway was very convenient. I could not often visit my hometown these days. I miss my hometown very much. So I often look at my family picture.

5

영화 보러 갈까요?

(Shall we go to see a movie?)

5

영화 보러 갈까요?
(Shall we go to see a movie?)

말하기 1 영화 보러 갈까요? (Shall we go to see a movie?)

말하기 2 심심한데 국수 만들어 먹을까요? (We are bored, so shall we make noodles and eat?)

말하기 3 얼마나 걸려요? (How long does it take?)

말하기 4 사람이 굉장히 많네요. (There are lots of people.)

Upon completion of this lesson, you will be able to:
1. Suggest doing an action
2. Provide the background information
3. Deliver the feeling of surprise or admiration for an event
4. Explain the reason of doing a particular action

Grammatical items

- –을/ㄹ까요? (Shall we~?)
- –는/은/ㄴ데 (Background information)
- N이나 (Particle: as many/much as)
- N밖에 (Particle: only)
- –네요 (Expressing surprise or admiration)
- –어서/아서 (Connective: reason)

The biggest holidays in Korea today are '설날' (the first day of the traditional Korean New Year) and '추석' (Korean Thanksgiving). Christmas is also a national holiday in Korea and many Korean Christians do celebrate the day. However, Koreans don't generally hold Christmas parties. Instead, Koreans focus more on the new year, and attend several end-of-year parties (called '송년회' or '연말 모임'). Koreans also celebrate the lunar New Year which comes on a different day every year (usually in late January or early February). Thus, New Year's greetings are often given twice. Here are some greetings that you can use for Korean holidays.

설날	새해 복 많이 받으세요. (It literally means 'Receive a lot of blessings on the New Year'. But it means 'Happy New Year' in English.) 설날 잘 보내세요. (Have a nice Happy New Year holiday.)
추석	즐거운 추석 보내세요. (Have a joyful Thanksgiving holiday.)
크리스마스	크리스마스 잘 보내세요. (I wish you have a Merry Christmas. = Merry Christmas!) 기쁜 성탄절이 되세요. (I wish you a Merry Christmas.)

Nouns

고기	meat
국수 [국쑤]	noodle
냉장고	refrigerator
매진	sold-out
매표소	box office
바지	pants
배	stomach, belly
번	counter for frequencies
병	bottle (counter)
샌드위치	sandwich
잔	cup (counter)
창문	window
치마	skirt
침대	bed
코메디	comedy
콜라	coke
표	ticket
하루	a day
햄버거	hamburger
호텔	hotel
화장실	washroom, bathroom

Verbs

끝나다 [끈나다]	to end
남다	to remain
늦다	to be late
돌아가다	to go back
돌아오다	to come back
돕다	to help

막히다 [마키다]	to be blocked
만들다	to make
벌다	to make (money)
시작(하다) [시자카다]	to begin
식사(하다)	to have a meal

Adjectives

가볍다	to be light
맵다	to be spicy
무겁다	to be heavy
무섭다	to be scary
불편하다	to be inconvenient
슬프다	to be sad
시끄럽다	to be noisy
신기하다	to be amazing
심심하다	To be boring/bored
아프다	to be sick
편하다	to be comfortable

Other expressions

굉장히	very, extremely
동안	during, for (time/period)
먼저	first
밖에 [바께]	only, nothing but
벌써	already
아직	still
이나	as many/much as
좋은 생각이에요	Good idea!

'얼마동안' is a combined word of '얼마나' (how much) and '동안' (during). But this expression is used to ask about the time period of events or situations, and it means 'how long' in English.

리아	한국어를 얼마동안 배웠어요?
	(How long have you learned Korean?)
서리나	여섯 달 동안 배웠어요.
	(I have learned it for six months.)
리아	에드먼턴에는 얼마 동안 살았어요?
	(How long have you lived in Edmonton?)
서리나	2 년 동안 살았어요.
	(I have lived in Edmonton for 2 years.)

Counters	년 (year)	달 (month)	주일 (week)	일 (day)
	2 년 동안 (이 년 동안)	3 달 동안 (세 달 동안)	1 주일 동안 (일주일 동안)	4 일 (사 일 동안)

연습

Ask the following questions to your partner.

1 얼마 동안 한국어를 배웠어요?

2 얼마 동안 캐나다에 살았어요?

3 뭘 잘해요? _____ 를/을 얼마 동안 배웠어요?

4 작년에 어디 갔어요? 얼마 동안 _____ 에 있었어요?

5 얼마 동안 대학교에 다녔어요?

샤닐	오늘 저녁에 영화 보러 갈까요?
리아	네, 좋아요.
샤닐	무슨 영화 볼까요?
리아	코메디 영화 어때요?
샤닐	네, 좋아요.

Shanil	Shall we go to see a movie tonight?
Leah	Sure.
Shanil	What kind of movie shall we watch?
Leah	How about a comedy movie?
Shanil	Okay. Great!

1-1 Making a suggestion –을/ㄹ까요?

'–을/ㄹ까요?' is used to make a suggestion or to ask someone's opinion about an action or state that has yet to happen. It can be translated into English in two ways; (1) 'Shall we/I…? (2) Do you think…? And '–을/ㄹ까요?' is used only in the interrogative sentences.

1. Connote a suggestion ('Shall we/I ~?')

(1) 서리나: 우리 내일 뭐 할까요? (What shall we do tomorrow?)
   리아: 영화 봐요. (Let's see a movie.)
(2) 서리나: 뭘 먹을까요? (What shall we eat?)
   리아: 국수 먹을까요? (Shall we eat noodles?)
(3) 커피 마실까요? (Shall we drink coffee?)
(4) 제가 창문을 열까요? (Shall I open the window?)

When the stem ends in a vowel		When the stem ends in a consonant		When the stem ends in 'ㄹ'	
Dic. form	–ㄹ까요?	Dic. form	–을까요?	Dic. form	까요?
들어가다	들어갈까요?	먹다	먹을까요?	살다	살까요?
마시다	마실까요?	늦다	늦을까요?	벌다	벌까요?
시작하다	시작할까요?	짧다	짧을까요?	만들다	만들까요?

Irregular ㅂ		Irregular ㄷ	
'ㅂ' final changes into '우' + 'ㄹ까요?'		'ㄷ' final changes into 'ㄹ' + '을까요?'	
Dic. form	–을/ㄹ까요?	Dic. form	–을/ㄹ까요?
가깝다	가까울까요?	듣다	들을까요?
무겁다	무거울까요?	걷다	걸을까요?
가볍다	가벼울까요?	묻다	물을까요?
좁다 (regular)	좁을까요?	받다 (regular)	받을까요?

Practice the following dialogues with your partner.

A: 심심해요. 우리 같이 <u>운동하러 갈까요</u>?

B: 좋아요. 몇 시에 만날까요?

A: <u>오후 2시 30분쯤이</u> 어때요?

B: 좋아요. 어디서 만날까요?

A: 체육관 앞에서 만날까요?

B: 좋아요. 그럼 <u>2시 30분</u>에 체육관 앞에서 만나요.

1. 운동하다/체육관 2. 바지 사다/백화점 3. 닭고기 먹다/한국 식당 4. 영화 보다/매표소

5. 산책하다/에밀리 공원 6. 수영하다/수영장 7. 커피 마시다/커피숍 8. 꽃 구경하다/공원

You are planning a date with your partner on this Saturday. Make dialogues to decide the transportation, the lunch, the supper, and the drinks as in the example.

A: <u>공원에 갈까요</u>?　　　　　　　B: 네, 좋아요. / 아니요, <u>놀이공원 (amusement park)</u>에 가요.

A: 스케이트를 탈까요?　　　　　B: 네, 좋아요. / 아니요, 쇼핑해요.

A: 걸어서 갈까요?　　　　　　　B: 네, 좋아요. / 아니요, <u>버스로</u> 가요.

A: 점심에 <u>햄버거</u> 먹을까요?　　B: 네, 좋아요. / 아니요, <u>피자</u> 먹어요.

A: 저녁에 <u>한국 음식</u> 먹을까요?　B: 네, 좋아요. / 아니요, <u>중국 음식</u> 먹어요.

A: <u>맥주</u> 마실까요?　　　　　　　B: 네, 좋아요. / 아니요, <u>커피</u> 마셔요.

| 어디 가다 | 커피숍 | 공원 | 놀이공원
(amusement park) | 백화점 | 마트 |
| | 스케이트장 | 영화관 | 식당 | 도서관 | 노래방 |

| 뭘 하다 | 배드민턴을
치다 | 스케이트를
타다 | 산책하다 | 컴퓨터
게임을 하다 | 쇼핑하다 | 야채를 사다 |
| | 노래하다 | 롤러코스터*를 타다
(*롤러코스터: roller coaster) | 식사하다 | 술을 마시다 | 영화를 보다 | 자전거를 타다 |

| 어떻게 가다 | 걸어서 | 버스로 | 지하철로 | 자전거로 | 차로 |

| 점심에 뭘 먹다 | 햄버거 | 국수 | 피자 | 샌드위치 | 고기 | 야채 샐러드 |

| 저녁에 뭘 먹다 | 한국 음식 | 중국 음식 | 베트남 음식
(Vietnamese food) | 멕시코 음식
(Mexican food) | 핫도그
Hotdog |

Lesson 1　Lesson 2　Lesson 3　Lesson 4　**Lesson 5**

뭘 마시다	
	콜라 　맥주 　와인 (wine) 　커피 　물 　주스 　차

2. When the subject is a third person, '−을/ㄹ까요?' means 'Do you think···?'

(1) 서리나: 줄리아가 파티에 올까요? (Do you think that Julia will come to the party?)
　　벤: 아니요, 안 올 거예요. (No, she won't come.)

(2) 서리나: 내일 날씨가 좋을까요? (Do you think that the weather will be good tomorrow?)
　　벤: 네, 좋을 거예요. (Yes, it will be good.)

말하기 연습 ③ Ask the following questions to your partner.

A: 한국어 시험이 <u>어려울까요</u>?
B: 네, 어려울 거예요. / 아니요, 안 어려울 거예요.
1. 한국어 시험이 (어렵다)?
2. 아침에는 차가 많이 (막히다)?
3. 호텔 케이크가 (비싸다)?
4. 기숙사 방이 (좁다)?
5. 비빔밥(bibimbap)이 (맵다)?
6. 기숙사가 (편하다)?
7. '떡볶이(tteokbokki)가 (맛있다)?
8. 한국어 수업이 몇 시에 (끝나다)?

3. The past form
The past form of '−을/ㄹ까요?' is '었/았/했/ㅆ을까요?'. It asks about the listener's present opinion on the past event or situation.

(1) 서리나: 제니가 파티에 갔을까요? (Do you think that Jenny went to the party?)
　　벤: 네, 갔을 거예요*. (Yes, I think that she probably went to the party.)
　　*'−었/았/했/ㅆ을 거예요' does not have the meaning of the future event. It is used to guess about a past event. It means 'I guess the subject must have done' in English.

(2) 서리나: 벤이 왜 수업에 늦었을까요? (Why do you think Ben was late for class?)
　　리아: 늦게 일어났을 거예요. (I think he probably got up late.)

Ask the following questions to your partner, using '-었/았을까요?'

A: 한국은 어제 날씨가 <u>어땠을까요</u>?
B: <u>한국은 어제 비가 왔을 거예요</u>.

1. 어제 한국은 날씨가
   어떻다

2. 어제 서리나가
   누구한테 전화하다

3. 어제 벤이 뭐 하다

4. 어제 벤이 왜 학교에
   안 가다

5. 어제 리아가 뭐 하다

6. 어제 누가 과일을
   씻다

7. 어제 벤이 뭘 먹다

8. 어제 서리나가
   어디에 가다

Lesson 1

Lesson 2

Lesson 3

Lesson 4

Lesson 5

서리나	심심한데 국수 만들어서 먹을까요?
리아	좋은 생각이에요. 그런데 국수 만들 수 있어요?
서리나	네, 아주 쉬워요. 냉장고에 야채가 좀 있는데 그걸 쓸 거예요.
리아	그럼, 저는 뭐 할까요?
서리나	야채를 씻으세요.

Cerina	We are bored, so shall we make noodles and eat?
Leah	That's a good idea. But can you make noodles?
Cerina	Sure. It's very easy. There are some vegetables in the refrigerator, and I'll use them.
Leah	Then, what shall I do?
Cerina	Please wash the vegetables.

2-1 The clausal connective –는/은/ㄴ데

'–는/은/ㄴ데' is used (1) when the first clause provides the background information or the situation for the second clause, (2) when the two clauses contrast to each other.

Adjectives				Verbs		Past tense	
Stem ending with a final		Stem ending with no final					
–은데		–ㄴ데		–는데		–었/았/했/ㅆ는데	
좋다	좋은데	바쁘다	바쁜데	먹다	먹는데	일하다	일했는데
넓다	넓은데	크다	큰데	치다	치는데	슬프다	슬펐는데
좁다	좁은데	아프다	아픈데	듣다	듣는데	마시다	마셨는데

Copular verbs	있다/없다	ㅂ irregular		ㄹ irregular	
–ㄴ데	–는데	Verbs –는데	Adjectives –은/ㄴ데	Verbs –는데	Adjectives –은/ㄴ데
학생인데 가수인데 학생이 아닌데	재미있는데 맛없는데	입는데	추운데 더운데 어려운데 Cf. 좁은데	사는데 아는데 노는데	긴데 먼데

1. It is used to provide the background information
In this case, an imperative or a suggestive sentence is also allowed.

(1) 친구를 기다리는데 아직 안 와요. (I am waiting for my friend, but she has not come yet.)
(2) 수업이 오전 8시에 있는데 늦게 일어났어요. (I have a class at 8 am, but I got up late.)
(3) 기숙사에서 사는데 좀 불편해요. (I am living in a dormitory, and it is a little bit uncomfortable.)
(4) 어제 치마를 샀는데 좀 비쌌어요. (I bought a skirt yesterday, and it was expensive.)

The sentence coming after '–는데/은데/ㄴ데' can be an imperative or suggestive sentence.
(5) 내일 시험인데 열심히 공부하세요. (Tomorrow is the exam, so study hard.)
(6) 심심한데 공원에 놀러 갈까요? (We are bored, so shall we go to the park to hang out?)
(7) 날씨가 더운데 창문을 열까요? (It is hot, so shall we open the window?)

Complete the dialogue using the given expressions and '–는/은/ㄴ데'.

A: 주말인데 공원에 갈까요?

B: 네, 공원에 가요. / 아니요, 영화관에 가요.

1. 주말이다
공원에 가다

2. 시간이 남다
게임을 하다

3. 음식이 맵다
커피를 마시다

4. 영화관이 가깝다
걸어서 가다

5. 교통이 막히다
지하철을 타다

6. 심심하다
영화를 보다

7. 영화가 무섭다
보지 말다

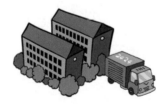

8. 5년 동안 이 아파트에서 살았다
이사가다

9. 돈을 많이 벌었다
새 컴퓨터를 사다

말하기 연습 2 Make dialogues using the given words as in the example.

| 신기하다 | 맛있다 | 맵다 | 재미있다 | 무섭다 | 편하다 | 싸다 | 슬프다 |

A: <u>어제 고기를 먹었는데</u> 정말 <u>맛있었어요</u>.
B: 그래요? 다음번에 저하고 같이 고기를 먹어요.

1. 어제 고기를 먹었어요.
2. 어제 백화점에서 바지를 샀어요.
3. 어제 영화를 봤어요.
4. 어제 커피숍에서 차를 마셨어요.
5. 작년에 한국에 갔어요.
6. 어제 롤러코스터(roller coaster)를 탔어요.
7. 어제 김치를 먹었어요.
9. 어제 비행기를 탔어요.
10. 어제 지하철을 탔어요.

말하기 연습 3 Advise your partner as in the example.

비가 오다 / 우산을 사다
A: <u>비가 오는데</u> 어떻게 할까요?
B: <u>우산을 사세요</u>.

1. 날씨가 춥다 / 코트를 입다
2. 날씨가 덥다 / 수영장에 가다
3. 배가 아프다 / 병원에 가다
4. 돈이 없다 / 집에서 저녁 먹다
5. 음식이 맵다 / 물을 마시다
6. 영화가 무섭다 / 영화를 보지 말다
7. 차가 막히다 / 지하철로 가다

2. It is used to contrast two clauses.
In this case, it has the same meaning with '–지만' which has the meaning of 'but.'

(1) 치마는 짧은데 바지는 길어요. (The skirt is short, but the pants are long.)
(2) 친구는 키가 큰데 저는 작아요. (My friend is tall, but I am short.)
(3) 서울은 사람이 많은데 에드먼턴은 사람이 적어요. (Seoul has a lot of people, but Edmonton has fewer people.)
(4) 하와이는 더운데 에드먼턴은 추워요. (Hawaii is hot, but Edmonton is cold.)

말하기 연습 ④ Make dialogues as in the example.

A: 방이 어때요? (크다/ 더럽다)
B: 방은 큰데 좀 더러워요.

1. 침대가 어때요? (예쁘다 / 너무 크다)
2. 치마가 어때요? (멋있다/ 좀 짧다)
3. 집이 어때요? (깨끗하다 / 방이 좀 좁다)
4. 음식이 어때요? (맛있다 / 좀 맵다)
5. 바지가 어때요? (예쁘다 / 좀 작다)
6. 가방이 어때요? (가볍다 / 좀 비싸다)
7. 서울이 어때요? (복잡하다 / 좀 신기하다)
8. 영화가 어때요? (슬프다 / 재미있다)

말하기 연습 ⑤ Look at the tables and select one positive fact and one negative fact to describe the place. Make a dialogue as in the example.

A: 어디 사세요?
B: 호텔에 살아요
A: 호텔이 어때요?
B: 방은 큰데 좀 비싸요.

Place	Positives	Negatives
호텔	깨끗하다 방이 크다	비싸다 교통이 불편하다
기숙사	방이 싸다 식당이 가깝다	방이 작다 옆 방이 시끄럽다
아파트	교통이 편리하다 방이 깨끗하다	마트가 멀다 여름에 덥다
집	편하다 조용하다	학교가 멀다 좀 심심하다

3. –고 싶은데
'–고 싶다' may be used together '–는/은/ㄴ데' in a clause.

(1) 지금 자고 싶은데 너무 시끄러워요. (I want to sleep, but it is too noisy.)
(2) 결혼하고 싶은데 좋은 사람이 없어요. (I want to get married, but I don't have a good person.)

Write your answer and interview your partner. After collecting the information, make 5 sentences which compare your and your partner's wishes.

질문	나	친구
1. 오늘 저녁에 뭐 먹고 싶어요?		
2. 시간이 많아요. 뭐 하고 싶어요?		
3. 방학에 어디 가고 싶어요?		
4. 생일에 무슨 선물을 받고 싶어요?		
5. 무슨 영화를 보고 싶어요?		
6. 어디에서 살고 싶어요?		
7. 뭘 배우고 싶어요?		

Write the sentences based on the information above, using '–고 싶은데' and '–고 싶어해요'.
(Example) 저는 오늘 저녁에 한국 음식을 먹고 싶은데 (your partner's name) 은/는 피자(pizza)를 먹고 싶어해요.

1.
2.
3.
4.
5.

4. –고 싶었는데/고 싶어했는데
'–고 싶었는데' is the past tense of '–고 싶은데', and it has the first or the second person for the subject. '고 싶어했는데' is the past tense of '–고 싶어하는데', and it has the third person for the subject.

(1) 올해에는 운동을 시작하고 싶었는데 못 했어요. (I wanted to start doing an exercise this year, but I couldn't.)
(2) 지난 여름에 서리나는 한국에 가고 싶어했는데 못 갔어요. (Cerina wanted to go to Korea last summer, but she couldn't.)

말하기 연습 7 **Ask and answer the questions to your partner as in the example.**

A: 어제 저녁에 뭐 먹고 싶었어요?

B: <u>어제 저녁에 샌드위치를 먹고 싶었는데 국수를 먹었어요</u>.

1. 어제 저녁에 뭐 먹고 싶었어요?

2. 어제 뭐 하고 싶었어요?

3. 지난 방학에 어디 가고 싶었어요?

4. 지난 생일에 무슨 선물을 받고 싶었어요?

5. 지난 주말에 무슨 영화를 보고 싶었어요?

6. 어릴 때 (When you were young) 어디에서 살고 싶었어요?

7. 어릴 때 뭘 배우고 싶었어요?

리아	여기서 영화관까지 버스로 얼마나 걸려요?
샤닐	버스로 40분이나 걸려요.
리아	그럼, 차로는 얼마나 걸려요?
샤닐	차로는 10분밖에 안 걸려요.

Leah	How long does it take to get to the movie theatre by bus?
Shanil	It takes as many as 40 minutes by bus.
Leah	Then, how long does it take by car?
Shanil	It takes only 10 minutes by car.

Lesson 1
Lesson 2
Lesson 3
Lesson 4
Lesson 5

3-1 N (이)나 (as many/much as)

When 'N (이)나' is used after numbers or amount, it means that the number or amount is bigger than the speaker expected. Thus, it expresses <u>one's surprise at the amount or the quantity</u>.

(1) 벤: 이번 학기에 몇 과목 들어요? (How many courses are you taking this semester?)

    샤닐: 다섯 과목 들어요. (neutral) (I am taking five courses.)

    샤닐: 다섯 과목이나 들어요. (I am taking five courses and it is more than I expected.)

(2) 오늘 사과를 여덟 개나 먹었어요. (I ate 8 apples today.)

After a vowel	After a consonant
–나	–이나
냉장고에 사과가 10개나 있어요.	파티에 사람이 열 명이나 왔어요.

말하기 연습 I **Make dialogues using '–(이)나' as in the example.**

1. A: 사과를 여섯 개 먹었어요.

    B: 와*, 사과를 여섯 개나 먹었어요?

    *'와' is an exclamation to indicate one's surprise, and means like 'Wow' in English.

2. 화장실/10번/갔다   3. 가족/7명/있다   4. 10시간/잤다   5. 신발/20 켤레*/있다

                                                                  *켤레: counter for shoes

6. 책/7권/읽었다   7. 동생/4명/있다   8. 고양이/5마리/있다   9. 술/6잔/마셨다

말하기 연습 2 Practice the following dialogues with your partner.

A: 바쁘세요?

B: 네, 이번 주에 시험이 (Number) 개나 있어요.

A: 그래요? 저하고 지금 커피 한 잔 할까요?

B: 미안해요. 오늘 커피를 벌써 (Number) 잔이나 마셨어요.

A: 와, (Number) 잔이나 마셨어요? 그런데 어제 파티에 사람들이 많이 왔어요?

B: 네, (Number) 명이나 왔어요.

말하기 연습 3 Ask the following questions. Respond to the questions using '–이나.'

1. A: 이번 학기에 몇 과목 들으세요?

   B: [   ] 들어요. (6 courses)

2. A: 어제 잘 잤어요?

   B: 네, [   ] 잤어요. (9 hours)

3. A: 한국어 숙제 다 했어요?

   B: 네, 그런데 [   ] 걸렸어요. (3 days)

4. A: 한국 영화 '기생충 (Parasite)' 봤어요?

   B: 네, 너무 재미있었어요. 그래서 [   ] 봤어요. (4 times)

5. A: 학교 식당 커피 마셨어요?

   B: 네, 너무 맛있었어요. 그래서 [   ] 마셨어요. (5 cups)

6. A: 어제 남자/여자친구한테 전화했어요?

   B: 네, 너무 보고 싶었어요. 그래서 [   ] 전화했어요. (10 times)

3-2 N밖에 (nothing but, only) + Negative expression

It is used to indicate that 'nothing but' a particular noun is available. '–밖에' is a particle which means 'only' or 'nothing but' in English. It emphasizes that the amount is very small or few. It is always followed by a negative expression.

(1) 리아: 여기서 영화관까지 얼마나 걸려요? (How long does it take to the movie theatre?)
  샤닐: 걸어서 10분밖에 안 걸려요. (It takes only 10 minutes on foot.)
  cf. 샤닐이 밖에 나갔어요. (Shanil went outside.)
  In this case, '밖' is a noun which means 'the outside'.

(2) 리아: 중국어도 하세요? (Can you speak Chinses, too?)
  샤닐: 아니요. 영어밖에 못 해요. (No, I only speak English.)

(3) 리아: 생일 선물 많이 받았어요? (Did you get a lot of birthday presents?)
  샤닐: 아니요, 조금밖에 못 받았어요. (No, I got only a few.)

(4) 리아: 어제 파티에 누가 왔어요? (Who came to the party yesterday?)
  샤닐: 벤밖에 안 왔어요. = 벤만 왔어요. (Only Ben came.)

(5) 리아: 와! 과일이 많아요. (Wow, there are lots of fruits.)
  샤닐: 사과만 사세요*. (Buy only apples.)
  *'밖에' cannot be used in imperative or propositive forms.
  사과밖에 사지 마세요. (unnatural)

말하기 연습 4 Respond to the following questions using '–밖에.'

1. 아침에 뭐 먹었어요?　　2. 모자가 많아요?　　3. 학교에서 집까지 얼마나 걸려요?

4. 교실에 의자가 많아요?　　5. 사과 많이 먹었어요?　　6. 저 사람들을 다 알아요?

7. 여동생이 있어요?　　　　8. 영어 잘 해요?　　　　9. 설날에 부모님께 돈 많이 받았어요?

말하기 연습 **5** Ask and respond to the following questions, using '-밖에'.

A: 어제 콜라를 몇 병 마셨어요?
B: 어제 콜라를 2 병밖에 안 마셨어요.

1. 어제 콜라를 몇 병 마셨어요? (2병)
2. 지갑에 돈이 얼마 있어요? (5 달러)
3. 집에 창문이 몇 개 있어요? (2개)
4. 교실에서 학교 식당까지 얼마나 걸려요? (5분)
5. 어제 텔레비전을 얼마 동안 봤어요? (30분)
6. 지난 주에 얼마나 운동했어요? (3번)
7. 생일 파티에 친구들이 많이 왔어요? (7명)
8. 어제 몇 시간 잤어요? (4시간)

말하기 연습 **6** Ask the following questions to your partner. Respond to the questions using '-이나' or '-밖에'.

1. 매일 물을 몇 잔 마셔요?
2. 이번 학기에 몇 과목 들어요?
3. 교실에 학생이 몇 명 있어요?
4. 어제 몇 시간 잤어요?
5. 집에서 학교까지 얼마나 걸려요?
6. 어제 커피를 몇 잔 마셨어요?
7. 지갑에 돈이 많아요?
8. 지난 주에 햄버거를 몇 개 먹었어요?
9. 어제 밤에 컴퓨터 게임(game)을 몇 시간 했어요?

리아	어머! 매표소에 사람이 굉장히 많네요!
샤닐	영화관에 사람이 너무 많아서 4시 10분 표가 다 매진이에요.
리아	그럼, 저녁을 먼저 먹고 영화를 볼까요?
샤닐	아, 좋은 생각이네요!

Leah	Wow! There are lots of people at the box office.
Shanil	4:10 pm tickets are all sold out because of many people at the theatre.
Leah	Then, shall we have supper first, and then watch the movie?
Shanil	It's a good idea.

4-1 The sentence ending –네요

It is used to express <u>the speaker's surprise or wonder</u> on something that he/she has just experienced. '–네요' is added to the stem of the predicates. For the 'ㄹ' irregular verbs/adjectives, 'ㄹ' disappears before '네요'. The sentence ending '–네요' is used only in speaking, and cannot be used with the first person.

Dictionary form	–네요	Dictionary form	–네요
남다	남네요	불편하다	불편하네요
가볍다	가볍네요	만들다 (irregular)	만드네요
막히다	막히네요	살다 (irregular)	사네요

(1) 서리나: 방이 참 깨끗하네요. (The room is very clean!)
　　벤: 네, 어제 청소했어요. (Yes, I cleaned it yesterday.)
　　cf. 방이 참 깨끗해요. – informative and neutral

말하기 연습 | Loot at the pictures and make dialogues using '–네요'.

A: 왜 그래요?
B: 음식이 너무 맵네요.

1. 음식이 맵다

2. 가방이 무겁다

3. 밤이 무섭다

4. 시험이 어렵다

5. 손이 더럽다

6. 수업이 재미없다

7. 날씨가 춥다

8. 날씨가 덥다

9. 벤이 많이 아프다　　10. 의자가 불편하다　　11. 옆집이 시끄럽다　　12. 영화가 슬프다

Past form: '-었/았네요'

The past form of '-네요' is '-었/았네요', and it is used to express the speaker's surprise or wonder about the result of the event that has already finished.

---

(2) 버스가 벌써 왔네요. (The bus has already arrived.)

(3) 음식이 많이 남았네요. (A lot of food has left.)

말하기 연습 2 Loot at the pictures and make dialogues using the past form of '-네요'.

A: 점심을 벌써 먹었네요.

B: 네, 벌써 먹었어요.

1. 점심을 벌써 먹다　　2. 국수를 만들다　　3. 수업에 늦다　　4. 돈을 많이 벌다

5. 수업이 끝나다　　6. 선물을 받다　　7. 치마를 입다　　8. 화장실을 청소하다

4-2 The clausal connective –어서/아서

'–어서/아서' is also used to indicate that the action or the state of the preceding clause is <u>the reason of the action or the state</u> of the following clause. When the stem of the predicate has the vowels 'ㅏ' or 'ㅗ', it combines with '아서'. When the stem has the other vowels, it combines with '어서'. When the stem is '하', '해서' is used for this connective.

(1) 선생님: 왜 한국어를 배우세요? (Why do you learn Korean?)

벤: 재미있어서 배워요. (I am learning it because it is fun.)

줄리아: 한국에 가고 싶어서 배워요. (I am learning it because I want to go to Korea.)

제니: 한국 문화를 알고 싶어서 배워요. (I am learning it because I want to know about Korean culture.)

(2) 오늘 비가 많이 와서 집에 있어요. (I am at home because it rains a lot today.)

When the stem has the vowel 'ㅏ' or 'ㅗ'		When the stem has the other vowels		When the stem ends in '하'	
Dic. form	–아서	Dic. form	–어서	Dic. form	–해서
앉다	앉아서	먹다	먹어서	공부하다	공부해서
좋다	좋아서	늦다	늦어서	시작하다	시작해서

'ㄷ' irregular		'ㅂ' irregular		Contracted	
'ㄷ' changes into 'ㄹ'		'ㅂ' changes into 'ㅜ'		Stem + 서	
Dic. form	–아서/어서	Dic. form	–아서/어서	Dic. form	–아서/어서
듣다	들어서	춥다	추워서	가다	가서
걷다	걸어서	맵다	매워서	지내다	지내서

Look at the pictures and make sentences with your partner, using '–어서/아서'.

A: 왜 운동을 못 해요?

B: <u>바빠서 운동을 못 해요</u>.

1. 운동 못 하다
바쁘다

2. 그 마트에 자주 가다
야채가 싸다

3. 매일 수업에 늦다
늦게 일어나다

4. 머리가 아프다
어제 술을 마시다

5. 오늘 도서관에 안 가다
날씨가 춥다

7. 학교에 걸어서 가다
가깝다

7. 백화점에서 옷을 안 사다
비싸다

8. 일찍 집에 가다
도서관이 문을 안 열다

9. 가방이 무겁다
책이 많다

10. 잘 수 없다
옆 방이 시끄럽다

11. 동네 도서관에서 공부하다
편하다

12. 열심히 공부하다
내일 시험이 있다

Past form of '-어서/아서'

The tense marker does not appear in '-어서/아서'. Past tense is inferred by the final clause.

(3) 서리나: 왜 병원에 갔어요? (Why did you go to the hospital?)

제니: 배가 아파서 병원에 갔어요. (I went to the hospital because I had a stomachache.)

(4) 서리나: 왜 도서관에 갔어요? (Why did you go to the library?)

벤: 내일 시험이 있어서 도서관에 갔어요. (I went to the library because I have an exam tomorrow.)

말하기 연습 4 **Ask the following questions to your partner.**

1. 왜 어제 옷을 못 샀어요?
2. 왜 어제 학교에 안 왔어요?
3. 왜 어제 전화 안 했어요?
4. 왜 어제 공원에 갔어요?
5. 왜 오늘 수업 시간에 늦었어요?
6. 왜 학교에 걸어서 갔어요?
7. 왜 숙제를 안 했어요?
8. 왜 가방이 무거웠어요?
9. 왜 어제 집에 일찍 갔어요?

The sentence ending '-어서요/아서요'

'-어서요/아서요' can be used when you want to say only the cause or reason without repeating the result in conversation.

(5) 선생님: 왜 한국어를 배워요? (Why do you learn Korean?)

서리나: 재미있어서요. (재미있어서 배워요.) (Because it is fun.)

제니: 한국 드라마(drama)를 보고 싶어서요. (한국 드라마를 보고 싶어서 배워요.)

(Because I want to watch Korean dramas.)

(6) 서리나: 왜 병원에 갔어요? (Why did you go to the hospital?)

제니: 배가 아파서요. (Because I had a stomachache.)

(7) 서리나: 왜 도서관에 가요? (Why do you go to the library?)

벤: 내일 시험이 있어서요. (Because I have an exam tomorrow.)

말하기 연습 5 Respond to the following questions using '–어서요/아서요'.

1. 왜 어제 옷을 못 샀어요?
2. 왜 어제 학교에 안 왔어요?
3. 왜 전화 안 했어요?
4. 왜 어제 공원에 갔어요?
5. 왜 오늘 수업 시간에 늦었어요?
6. 왜 학교에 걸어서 가요?
7. 왜 숙제를 안 했어요?
8. 왜 가방이 무거워요?
9. 왜 어제 집에 있었어요?
10. 왜 한국어를 배워요?

Idiomatic Expressions using '–어서/아서/해서'
'–어서/아서' can be used like idiomatic expressions when expressing one's apologies or gratitude.

---

(8) 늦어서 죄송합니다. (I am sorry for being late.)
(9) 전화 못해서 미안합니다. (I am sorry for having not called you.)
(10) 어제 파티에 못 가서 죄송합니다. (I am sorry for not coming to the party yesterday.)
(11) 좋은 선물을 주셔서 감사합니다. (Thank you for giving me a nice present.)
(12) 전화 주셔서 고맙습니다. (Thank you for giving me a call.)
(13) 도와 주셔서 고맙습니다. (Thank you for your help.)

말하기 연습 6 Loot at the pictures and make dialogues to express the gratitude or the apology.

A: 늦어서 죄송합니다.
B: 괜찮아요.
A: 선물을 주셔서 고맙습니다.
B: 뭘요*. (*뭘요: 'Don't mention it'.)

1. 늦다   2. 전화를 못 하다   3. 선물을 못 드리다   4. 숙제를 못 해서

5. 선물을 주다　　　6. 전화를 주다　　　7. 숙제를 도와 주다　　　8. 꽃을 주다

리아   매표소에 사람이 굉장히 많네요.

샤닐   사람이 너무 많아서 4시 10분 표가
        벌써 매진이에요.

리아   그래요? 그럼, 다음 영화는 언제
        시작해요?

샤닐   8시에 시작해요. 아직 시간이
        4시간이나 남았네요.

리아   시간이 많은데 저녁을 먼저
        먹을까요?

샤닐   좋은 생각이에요.

리아   뭘 먹을까요?

샤닐   내가 괜찮은 한국 식당을 아는데
        거기로 갈까요?

리아   여기서 가까워요?

샤닐   네, 차로 10분밖에 안 걸려요.

리아   좋아요. 그렇게 해요.

샤닐   그럼, 먼저 8시 영화표를 사요. 그리고 식당으로 가요.

읽기 (Reading) ➋   리아하고 샤닐의 하루

샤닐은 어제 영화를 보고 싶었어요. 그래서 리아한테 전화했어요. 리아는 심심했는데 샤닐의
전화를 받아서 좋았어요. 리아하고 샤닐은 차를 타고 영화관에 갔어요. 기숙사에서 영화관까지
가까워서 10분밖에 안 걸렸어요. 그런데 매표소에 사람이 많아서 굉장히 복잡했어요. 4시 표는
벌써 매진이고 8시 표밖에 없었어요. 리아하고 샤닐은 저녁을 먼저 먹으러 갔어요. 그리고 다시
영화관에 돌아갔어요. 영화는 밤 11시에 끝났어요. 시간은 늦었지만 영화가 아주 재미있었어요.

Read the narration and respond to the following questions.

(1) 샤닐은 어제 뭐 하고 싶어했어요?

(2) 리아하고 샤닐은 영화관에 어떻게 갔어요?

(3) 기숙사에서 영화관까지 얼마나 걸려요?

(4) 영화관은 어땠어요?

(5) 리아하고 샤닐은 왜 4시 영화를 못 봤어요?

(6) 리아하고 샤닐은 4시 영화표가 없어서 어떻게 했어요?

연습 2 **Write to describe the day when you went to a movie theatre.**

(1) How do you usually buy movie tickets? Do you usually buy food in the theatre?

(2) Which movie theatre do you usually go? Why do you like to go there?

(3) Whom do you usually go to watch a movie with? What kind of movie do you like to watch? Why?

(4) What would you do if the movie tickets of the time at which you want to watch are sold out?

Leah	A very large number of people are in the box office.
Shanil	The tickets of 4:10 pm were already sold out because of many people.
Leah	Is that so? Then, when does the next movie start?
Shanil	It starts at 8 o'clock. We still have 4 hours left.
Leah	Since we have lots of time, shall we eat supper first?
Shanil	That is a good idea.
Leah	What shall we eat?
Shanil	I know a good Korean restaurant. Shall we go there?
Leah	Is it close from here?
Shanil	Yes, it takes only 10 minutes by car.
Leah	Okay. Let's do that.
Shanil	Then, let's buy the ticket of 8 pm first. And then let's go to the restaurant.

Reading **2**   A day of Leah and Shanil's

Shanil wanted to watch a movie yesterday. And he called Leah. Leah was bored, and she was glad to get a phonecall from Shanil. Lean and Shanil went to a movie theatre by car. Since the movie theatre was close from the dormitory, it took only 10 minutes. However, the movie theatre was very crowded because of lots of people. The tickets of 4 pm were already sold out and they had only the tickets of 8 pm. Leah and Shanil went to have a supper first. And they went back to the theatre. The movie ended at 11 pm. It was very late, but the movie was very fun.

Appendices
Answer keys

시간	수잔의 스케줄
오후 1시	린다하고 전화하다.
오후 2시	집에서 텔레비전을 보다.
오후3시	버스를 타다.
오후 4시	데니하고 공원에서 테니스를 치다.
오후 5시	지하철에서 마크를 보다
오후 6시	일찍 자다.

시간	마크의 스케줄
오후 1시	청소하다.
오후 2시	버스를 타다.
오후3시	백화점에서 린다를 만나다.
오후 4시	백화점에서 가방을 사다.
오후 5시	지하철을 타다.
오후 6시	집에서 저녁을 먹다.

시간	데니의 스케줄
오후 1시	설거지하다.
오후 2시	도서관에서 린다를 보다.
오후3시	걸어서 공원에 가다.
오후 4시	수잔하고 테니스를 치다.
오후 5시	버스 안에서 마크를 만나다.
오후 6시	마크하고 같이 커피숍에 가다.

시간	린다의 스케줄
오후 1시	전화하다.
오후 2시	도서관에 가다.
오후3시	백화점에 가다.
오후 4시	백화점에서 모자를 사다.
오후 5시	버스 안에서 수잔을 만나다.
오후 6시	마크집에서 저녁을 먹다.

Cerina's schedule

월요일	화요일	수요일	목요일	금요일	토요일	일요일

월요일	화요일	수요일	목요일	금요일	토요일	일요일

A sheet	벤	준	줄리아	서리나
어디에 가다	영화관		백화점	
뭐 하다		산책하다		숙제하다
언제 가다	오후 3시		오후 1시	
누구하고 같이 가다	서리나		혼자서	
어느 식당에 가다		햄버거 가게		학교 식당
뭐 먹다	닭고기		케이크	

B sheet	벤	준	줄리아	서리나
어디에 가다		공원		도서관
뭐 하다	영화를 보다		쇼핑하다	
언제 가다		저녁 6시		오전 11시
누구하고 같이 가다		벤		줄리아
어느 식당에 가다	한국 식당		빵집	
뭐 먹다		햄버거		샐러드

Lesson 1

읽기 (Reading) 2. 삼촌이 오셨어요.

연습 1. (1) 지난 주말에 삼촌이 오셔서 벤은 운동을 못 했어요.

(2) 벤은 토요일 오전에 방을 청소했어요.

(3) 벤은 야채 샐러드하고 닭고기 요리를 했어요.

(4) 벤은 주말에 삼촌하고 이야기를 많이 하고 공원에서 산책도 했어요.

(5) 삼촌은 월요일 아침에 미국에 가셨어요.

Lesson 2

읽기 (Reading) 2. 서리나의 고향은 토론토예요.

연습 1. (1) 서리나는 지금 에드먼턴에 살아요.

(2) 서리나의 가족은 토론토에 살아요.

(3) 서리나는 이번 방학에 열심히 일할 거예요.

(4) 서리나는 차를 하나 사고 싶어해요.

(5) 서리나는 내년에 운전해서 고향에 갈 거예요.

Lesson 3

읽기 (Reading) 2. 어머니 생신이에요.

연습 1. (1) 리아의 부모님은 한국 사람이세요.

(2) 리아는 캐나다에서 태어났어요.

(3) 내일은 리아 어머니의 생신이에요.

(4) 리아는 어머니 생신 선물을 사러 백화점에 가요.

(5) 기숙사에서 백화점까지 지하철로 20분쯤 걸려요.

(6) 리아는 어머니께 장갑하고 편지를 드릴 거예요.

Lesson 4

읽기 (Reading) 2. 제 고향은 서울이에요.

연습 1. (1) 준 가족은 아파트에 살아요.

(2) 초등학교 옆에 큰 상가가 있어요.

(3) 신호등은 초등학교 앞 사거리에 있어요.

(4) 준 집에서 가까운 지하철 역의 이름은 동대문역이에요.

(5) 준은 자주 가족 사진을 봐요.

Lesson 5

읽기 (Reading) 2. 리아하고 샤닐의 하루

연습 1. (1) 샤닐은 어제 영화를 보고 싶어했어요.

(2) 리아하고 샤닐은 차를 타고 영화관에 갔어요.

(3) 기숙사에서 영화관까지 10분밖에 안 걸려요.

(4) 영화관은 사람이 많아서 굉장히 복잡했어요.

(5) 4시 영화표가 매진이어서 영화를 못 봤어요.

(6) 리아하고 샤닐은 저녁을 먼저 먹으러 갔어요.

Grammar Index   L = lesson, G = grammar

Korean English Glossary

가깝다	to be close
가끔	sometimes
가볍다	to be light
가수	singer
가을	autumn
가지다	to have
간호학	nursing
갖다	to have
거기	there
거의	rarely
건너다	to cross
건너편	across
걸리다	to take (time)
겨울	winter
결혼(하다)	to get married
계절	season
고기	meat
고향	hometown
곳	place
굉장히	very, extremely
교수님	professor
교통	traffic, transportation
교회	church
과일	fruit
구경(하다)	to go sightseeing
국수	noodle
귀엽다	to be cute
그렇지만	but
그립다	to be homesick
근처	nearby
기뻐하다	to be pleased
기차	train
김치	Kimchi
길	way, road
길다	to be long
까지	till
깨끗하다	to be clean
께	(hon.) to/from
께서	이/가's honorific word
꽃	flower
끝나다	to end

나가다	to go out
나라	country
나오다	to come out
나이	age
날	day
날씨	weather
남다	to remain
내년	next year
내다	to submit, to pay
내리다	to get off
냉장고	refrigerator
놀다	to play, to hang out
눈	snow
늦게	(adv.) to be late
늦다	to be late
다니다	to attend
다음	next
다행히	luckily
닭고기	chicken
더럽다	to be dirty
덥다	to be hot
데	place
데이트(하다)	(to have) a date
도시	city
돌다	to turn
돌아가다	to go back
돌아가시다	(hon.) to die
돌아오다	to come back
돕다	to help
동네	neighborhood
동안	during, for (time/period)
드리다	(hum.) to give
드시다	(hon.) to eat or drink
따뜻하다	to be warm
딸기	strawberry
마트	mart
막히다	to be blocked
만들다	to make
많이	(adv.) a lot
말	language, speech
말(하다)	to speak

맑다	to be clear	새	new
매진	sold-out	샌드위치	sandwich
매주	every week	샐러드	salad
매표소	box office	생신	(hon.) birthday
맵다	to be spicy	생활	life
머리	(1) hair, (2) head	설거지(하다)	to wash dishes
먼저	first	성함	(hon.) name
멀다	to be far	소설책	novels
모두	all	손	hand
모르다	to not know	수영장	swimming pool
목욕(하다)	to take a bath	숟가락	spoon
무겁다	to be heavy	술	liquor
무섭다	to be scary	쉽다	to be easy
무슨	what kind of	스케이트	skate
묻다	to ask	스키	ski
바지	pants	슬프다	to be sad
밖에	only, nothing but	시끄럽다	to be noisy
받다	to receive	시작(하다)	to begin
방문(하다)	to visit	식사(하다)	to have a meal
방학	break/vacation	신기하다	to be amazing
배	stomach, belly	신문	newspaper
버스	bus	신호등	traffic light
번 1	counter for a serial number	싫어하다	to dislike
번 2	counter for frequencies	심심하다	to be boring
벌다	to make (money)	쓰다	(1) to write (2) to use
벌써	already	씨	Mr. Ms.
병	bottle (counter)	씻다	to wash
보내다	to send	아직	still
보이다	to be seen	아파트	apartment
복잡하다	to be crowded	아프다	to be sick
뵈다	(hum.) to see	야채	vegetable
뵙다	(hum.) to see	약국	pharmacy
봄	spring	어느	which
부채	fan	어떤	what kind of, which
불편하다	to be inconvenient	어렵다	to be difficult
비	rain	어제	yesterday
비행기	airplane	얼마나	how much/many
사거리	four way	여기	here
사진	picture, photo	여러 군데	several places
사탕	candy	여름	summer
산책(하다)	to take a walk	여행(하다)	to travel
살다	to live	연세	(hon.) age
삼촌	uncle	열다	to open
상가	shopping mall	예쁘다	to be pretty

오른쪽	right	처음	first time
올해	this year	청소(하다)	to clean (a room)
왼쪽	left	초등학교	elementary school
운전(하다)	to drive	초등학생	elementary student
웃다	to laugh	축하(하다)	to congratulate
유명하다	to be famous	춤	dance
은행	bank	춤(을) 추다	to dance
음료수	beverage	춥다	to be cold
이나	as many/much as	치마	skirt
이메일	email	친하다	to be close
일찍	early	침대	bed
입다	to wear	코메디	comedy
자라다	to grow	콜라	coke
자전거	bicycle	키가 크다	to be tall
자주	often	타다	to ride
작년	last year	태어나다	to be born
잔	cup (counter)	테니스장	tennis court
잡지	magazine	파티	party
장갑	gloves	편리하다	to be convenient
저기	over there	편지	letter
저희	(hum.) we	표	ticket
전망	scenery, view	피아노	piano
전혀	never	하루	a day
젓가락	chopsticks	한테	to
정말	really	한테서	from
조용하다	to be quiet	햄버거	hamburger
좁다	to be narrow	호선	counter for subway lines
좋은 생각이에요	Good idea!	호텔	hotel
주무시다	(hon.) to sleep	혼자(서)	alone
죽다	to die	화장실	washroom, bathroom
준비하다	to prepare	휴일	holiday
중고차	used car	흐리다	to be cloudy
즐겁다	to be joyful		
지나다	to pass		
지난	last (month)		
지하철	subway		
지하철역	subway station		
짧다	to be short		
쭉	straight		
쯤	about		
찍다	to take (a picture)		
착하다	to be nice		
참	(1) very (2) by the way		
창문	window		

a day	하루	email	이메일
a lot	많이 (adv.)	every week	매주
about	쯤	extremely	굉장히
across	건너편	fan	부채
age	나이	first	먼저
age	연세 (hon.)	first time	처음
airplane	비행기	flower	꽃
all	모두	for (time/period)	동안
alone	혼자(서)	four way	사거리
already	벌써	from	한테서
apartment	아파트	from	께 (hon.)
as many/much as	이나	fruit	과일
autumn	가을	gloves	장갑
bank	은행	Good idea!	좋은 생각이에요
bed	침대	hair	머리
belly	배	hamburger	햄버거
beverage	음료수	hand	손
bicycle	자전거	head	머리
birthday	생신 (hon.)	here	여기
bottle	병 (counter)	holiday	휴일
box office	매표소	hometown	고향
break	방학	hotel	호텔
bus	버스	how much/many	얼마나
but	그렇지만	Kimchi	김치
bus serial number	번 (counter)	language	말
by the way	참	last (month)	지난(달)
candy	사탕	last year	작년
chicken	닭고기	left	왼쪽
chopsticks	젓가락	letter	편지
church	교회	life	생활
city	도시	liquor	술
coke	콜라	luckily	다행히
comedy	코메디	magazine	잡지
country	나라	mart	마트
cup	잔 (counter)	meat	고기
dance	춤	Mr.	씨
day	날	Ms.	씨
during	동안	name	성함 (hon.)
early	일찍	nearby	근처
elementary school	초등학교	neighborhood	동네
elementary student	초등학생	never	전혀

next	다음	swimming pool	수영장
next year	내년	tennis court	테니스장
new	새	there	거기
newspaper	신문	this year	올해
noodle	국수	ticket	표
novels	소설책	till	까지
nursing	간호학	times	번 (counter)
often	자주	to	한테
only	밖에	to	께 (hon.)
over there	저기	to ask	묻다
pants	바지	to attend	다니다
party	파티	to be amazing	신기하다
pharmacy	약국	to be blocked	막히다
photo	사진	to be boring	심심하다
piano	피아노	to be born	태어나다
place	곳/데	to be clean	깨끗하다
professor	교수님	to be clear	맑다
rain	비	to be close	가깝다 (distance)
rarely	거의	to be close	친하다 (relationship)
really	정말	to be cloudy	흐리다
refrigerator	냉장고	to be cold	춥다
right	오른쪽	to be convenient	편리하다
salad	샐러드	to be crowded	복잡하다
sandwich	샌드위치	to be cute	귀엽다
scenery	전망	to be difficult	어렵다
season	계절	to be dirty	더럽다
several places	여러 군데	to be easy	쉽다
shopping mall	상가	to be famous	유명하다
singer	가수	to be far	멀다
skate	스케이트	to be heavy	무겁다
ski	스키	to be homesick	그립다
skirt	치마	to be hot	덥다
snow	눈	to be inconvenient	불편하다
sold-out	매진	to be joyful	즐겁다
sometimes	가끔	to be late	늦게 (adv.)
spoon	숟가락	to be late	늦다
spring	봄	to be light	가볍다
still	아직	to be long	길다
straight	쭉	to be narrow	좁다
strawberry	딸기	to be nice	착하다
subway	지하철	to be noisy	시끄럽다
subway lines	호선 (counter)	to be pleased	기쁘다
subway station	지하철역	to be pretty	예쁘다
summer	여름	to be quiet	조용하다

to be sad	슬프다	to prepare	준비하다
to be scary	무섭다	to receive	받다
to be seen	보이다	to remain	남다
to be short	짧다	to ride	타다
to be sick	아프다	to see	뵈다 (hum.)
to be spicy	맵다	to see	뵙다 (hum.)
to be tall	키가 크다	to send	보내다
to begin	시작(하다)	to sleep	주무시다 (hon.)
to take a walk	산책(하다)	to speak	말(하다)
to be warm	따뜻하다	to submit	내다
to clean (a room)	청소(하다)	to take a bath	목욕(하다)
to come back	돌아오다	to take (a picture)	찍다
to come out	나오다	to take (time)	걸리다
to congratulate	축하(하다)	to travel	여행(하다)
to cross	건너다	to turn	돌다
to dance	춤(을) 추다	to use	쓰다
to die	죽다	to visit	방문(하다)
to die	돌아가시다 (hon.)	to wash	씻다
to dislike	싫어하다	to wash dishes	설거지(하다)
to drive	운전(하다)	to wear	입다
to eat or drink	드시다 (hon.)	to write	쓰다
to end	끝나다	traffic	교통
to get married	결혼(하다)	traffic light	신호등
to get off	내리다	train	기차
to give	드리다 (hum.)	uncle	삼촌
to go back	돌아가다	used car	중고차
to go out	나가다	vacation	방학
to go sightseeing	구경(하다)	vegetable	야채
to grow	자라다	very	굉장히/참
to hang out	놀다	view	전망
to have	가지다	washroom	화장실
to have	갖다	way, road	길
(to have) a date	데이트(하다)	we	저희 (hum.)
to have a meal	식사(하다)	weather	날씨
to help	돕다	what kind of	무슨/어떤
to laugh	웃다	which	어느/어떤
to live	살다	window	창문
to make	만들다	winter	겨울
to make (money)	벌다	yesterday	어제
to not know	모르다		
to open	열다		
to pass	지나다		
to pay	내다		
to play	놀다		